LOGRANDO
LO
IMPOSIBLE

RACHELLE
RUTHERFORD

LOGRANDO LO IMPOSIBLE

UN MODELO
PARA EL CUIDADO
INNOVADOR E INCLUSIVO

Forbes | Books

Copyright © 2025 de Rachelle Rutherford & Kids on the Move

Todos los derechos reservados. Ninguna parte de este libro puede usarse ni reproducirse de ninguna manera sin el consentimiento previo por escrito del autor, excepto lo dispuesto por la ley de derechos de autor de los Estados Unidos de América.

Publicado por Forbes Books, Charleston, Carolina del Sur.
Una impresión de Advantage Media Group.

Forbes Books es una marca registrada y el colofón de Forbes Books es una marca comercial de Forbes Media, LLC.

Impreso en los Estados Unidos de América.

10 9 8 7 6 5 4 3 2 1

ISBN: 979-8-88750-629-6 (Tapa blanda) ISBN: 979-8-88750-727-9 (Tapa dura)
ISBN: 979-8-88750-630-2 (Libro Electrónico) Número de control de la Biblioteca del Congreso: 2024923065

Diseño de portada de Lance Buckley.
Diseño de maquetación de Matthew Morse.

Esta publicación personalizada tiene como objetivo proporcionar información precisa y las opiniones del autor con respecto al tema cubierto. Se vende con el entendimiento de que la editorial, Forbes Books, no se involucra en prestar servicios legales, financieros o profesionales de ningún tipo. Si necesita asesoramiento legal u otra asistencia de expertos, se recomienda al lector que busque los servicios de un profesional competente.

Desde 1917, Forbes se ha mantenido firme en su misión de servir como la voz definitoria del capitalismo empresarial. Forbes Books, lanzado en 2016 a través de una asociación con Advantage Media, promueve ese objetivo al ayudar a los líderes empresariales y de opinión a compartir sus historias, pasión y conocimiento en primer plano en libros personalizados. Las opiniones expresadas por los autores de Forbes Books son propias. Para ser considerado para publicación, por favor visita books.Forbes.com.

A MI CREADOR, MI DIOS. Tú me dirigiste y guiaste a través de este proceso. Confiaste en mí y creaste la oportunidad para que se escucharan las voces de estas familias. Estoy agradecida por tu bondad y gracia.

A MI ESPOSO, SCOTT. Eres mi roca, mi campeón y el guardián de mi corazón. Todo lo que soy no seria sin ti.

A MIS HIJOS, GRANT, EVAN, GRACE, EVA, AUBRI Y GABE. Son mi corazón y mi mayor legado. Mi amor por ustedes no tiene límites. Recuerden que no existe nada imposible; respondan al llamado, lanzarse de lleno y esperen milagros.

A **KAREN HAHNE Y BRENDA WINEGAR.** Representan el amor infinito de una madre por sus hijos. Su compasión por ir más allá de su propia familia para ayudar a otros niños y familias es la forma más pura de caridad. Su coraje y contribuciones a los niños y las familias han dejado un legado de amor. Nos inspiran a todos a perseguir lo imposible.

PARA REED HAHNE Y BECCA WINEGAR. Gracias por su fortaleza y liderazgo y por ser una guia luminosa y esperanza para todos nosotros.

A TODAS LAS FAMILIAS que contribuyeron con sus historias para este libro. Son el corazón y el alma de este libro. Que sus voces resuenen siempre y traspasen el corazón de quienes escuchan sus palabras.

ELOGIOS PARA

PRESIGUIENDO LO IMPOSIBLE

Logrando lo Imposible, de Rachelle Rutherford, es un poderoso llamado a la acción, tejido con entrelazado de narrativas que encienden el espíritu de altruismo e innovación. Muestra brillantemente el viaje de emprendedores, padres y una comunidad que se unen para trascender los límites de lo que parecía ser inalcanzable. A través de historias de tenacidad frente a la adversidad, Rutherford nos invita a todos a contribuir con nuestros talentos únicos para construir un futuro mejor para los niños con discapacidades. Este libro no es solo un testamento de la resiliencia humana, sino también un plan estratégico para movilizar apoyo y recursos en una escala que antes se consideraba imposible. Como alguien profundamente comprometido con marcar la diferencia, encontré que *Logrando lo Imposible* es un recordatorio convincente de que nuestros esfuerzos colectivos pueden transformar vidas y rediseñar el futuro. La obra de Rachelle Rutherford es una lectura esencial para cualquiera que busque dejar una huella en el mundo desafiando el status quo y persiguiendo lo imposible.

—CHAD HYMAS
Autor exitoso y orador del Salón de la Fama

En un sistema plagado de deficiencias y obstáculos, Rachelle aporta con valentía soluciones y energía para el cambio. *Logrando lo Imposible* aborda dos de los factores más importantes en el panorama de la discapacidad en este momento, las historias de quienes se ven afectados y las soluciones. Hay un poder en la historia que surge desde la introducción, donde incluso la autora tuvo que explorar su propio rol para brindar apoyo. *Logrando lo Imposible* proporciona un marco y una motivación para el rol que cada uno de nosotros tenemos que hacer y así lograr que el mundo sea un lugar mejor.

—DEREK J. LEE, PHD, CRC, LPCC-S, DBTC, CAMSC
CEO, The Hope Institute & Perrysburg Counseling Services;
Profesor, Texas Tech University Health Science Center

Logrando lo Imposible de Rachelle es una obra maestra que te cautiva y motiva a profundizar y dar más de si mismo de lo que creía posible. Ella toca e inspira tu alma, impulsándote a servir a los demás de forma más efectiva y sincera desde el corazón. Su narración y experiencias personales tocaron mi corazón, dejando una huella inolvidable para quienes se sienten llamados a marcar la diferencia y quienes desean dejar un legado duradero de servicio y contribución significativos. Rachelle cambia las reglas del juego y es una guia luminosa de esperanza para los niños con necesidades especiales, así como aquellos quienes desean vivir su propósito y vocación más elevados.

—SETEMA GALI
Coach y Orador Principal

Rachelle ha hecho un trabajo fantástico al presentar la conmovedora historia y el apasionante futuro de Kids on the Move en *Logrando lo Imposible*. Ella y su equipo directivo dejaron puestos corporativos exitosos para marcar la diferencia para las generaciones futuras, un niño a la vez, y su impacto lo sienten los niños, sus familias y la comunidad. Espero que más personas y empresas apoyen a KOTM contribuyendo con tiempo, dinero y recursos a esta importante causa.

—EDGIE E. DONAKEY

Ejecutivo de Tecnología, Mentor y Ex Presidente de KOTM

Logrando lo Imposible es una representación asombrosa de servicios que cambian vidas que programas como KOTM brindan a las familias. Hay una pasión que se enciende en las personas que atienden a niños con discapacidades y sus familias. Esa pasión es a menudo lo que impulsa la innovación en los servicios prestados y la financiación para respaldar los servicios necesitados. Este libro destaca cómo las personas sin ninguna conexión previa con personas con discapacidades pueden tener un impacto transformador en la comunidad y las familias a las que sirven.

—JULIA HOOD, PHD, BCBA-D

Profesor Asistente

Cuando se trata de criar niños con superpoderes, dones únicos, habilidades especiales que van acompañadas de necesidades excepcionales y neurodivergencia, hay muchos lugares a los que podemos acudir para sentirnos llenos de desesperación. Las personas detrás de este libro y su historia ofrecen una refrescante fuente de esperanza de la cual todos podemos beber profundamente.

—STEVEN SHARP NELSON

Compositor, locutor y violonchelista de "The Piano Guys"

De hecho, un diagnóstico de una discapacidad u otra puede definir los obstáculos o desafíos que enfrenta un niño, pero no define quién es el niño. Cada niño tendrá sus propias preferencias, áreas de interés y personalidad propia. Todos conocemos familias que enfrentan los desafíos inesperados de criar a un niño con una discapacidad. *Logrando lo Imposible* es compasivo, promueve la fe e inspira a todos aquellos que aman a los niños y que tienen el deseo de ayudarles a que alcancen y se conviertan en todo lo que pueden llegar a ser.

—TOM SMITH

Autor exitoso del New York Times, *The Oz Principle*

CONTENIDO

RECONOCIMIENTOS................................1

INTRODUCCIÓN
UN LLAMADO A LA ACCIÓN........................5

CAPÍTULO 1
UN NIÑO A LA VEZ 11

CAPÍTULO 2
ENCONTRAR LA ESPERANZA 35

CAPÍTULO 3
CUIDADO 57

CAPÍTULO 4
INTEGRIDAD INQUEBRANTABLE 77

CAPÍTULO 5
CUIDADO EXPERTO PARA EL ÉXITO A LARGO PLAZO.....99

CAPÍTULO 6
ALIVIAR LA CARGA 123

CAPÍTULO 7
LA INCLUSIÓN ES PARA TODOS. 149

CAPÍTULO 8
NO HAY NADA IMPOSIBLE 167

SOBRE LA AUTORA 191
CONTACTO 193

RECONOCIMIENTOS

Quiero reconocer y agradecer a aquellas personas y grupos que me han ayudado a convertirme en la persona que soy hoy en día, por inspirarme y creer en mí. Este libro fue posible gracias a ustedes y a su tremendo apoyo, ayuda y aliento.

Es un privilegio y un honor dar voz a los niños y las familias. Logrando lo imposible requiere valentía, es una decisión de ir más allá de lo que resulta cómodo. Inclinarse hacia la oscuridad. Para alcanzar algo más grande fuera de ti mismo. Para elevar y engrandecer a otros. Amar más profundamente. Para conectar mas profundamente. Para elevarnos más alto y dejar un legado triunfante de carácter heroico e histórico.

Las familias Hahne y Winegar: A Karen Hahne, Bob Hahne, Reed Hahne y el resto de la familia Hahne. A Brenda Winegar, Jim Winegar, Becca Winegar y el resto de la familia Winegar. En la década de 1980, cuando se propusieron cambiar el futuro de sus hijos con síndrome de Down, cuando la sociedad tenía muy pocos recursos disponibles, ustedes proporcionaron un refugio seguro para los padres y las familias para que ellos también pudieran tener un futuro brillante. Su legado empodera a los padres y otorga acceso a un mundo de crecimiento y posibilidades infinitas para los niños con discapacidades. Kids on the Move es un testimonio de su coraje, dedicación y amor.

Los padres y cuidadores: A todos los padres, cuidadores y familias que apoyan a un niño o un ser querido con una discapacidad, ustedes persiguen y conquistan lo imposible todos los días. Gracias por ser una guia luminosa de esperanza para todos. Espero que este libro te inspire y te dé esperanza y fuerza para ir más allá de lo que crees que es posible para tu hijo. Espero que tengas paz y consuelo al saber que eres suficiente. No estás solo, tienes una comunidad detrás de ti, que brinda apoyo y te anima. Está bien pedir ayuda y tomarse un descanso muy necesario para revitalizarse, rejuvenecerse y recargarse. Sabemos que existen brechas en el apoyo y los servicios en cada comunidad, y estamos comprometidos a encontrar soluciones y asumir esta responsabilidad juntos.

Los niños: Ustedes traen tanta alegría y amor a cada espacio en el que entran. Irradian luz y sacan lo mejor de las personas. Nos calmamos y nos volvemos más conscientes, agradecidos, compasivos, pacientes y amorosos gracias a ustedes. Son resistentes y fuertes. ¡Sigan buscando las estrellas! Son un regalo para el mundo, nuestro mayor tesoro.

Las familias a las que se hace referencia en este libro: Gracias por su coraje y disposición para compartir sus historias, victorias y desafíos con el mundo. Ellas son ejemplares y verdaderamente inspiradoras. El amor y el compromiso con sus hijos es poderoso, no tiene límites. Nos inspiras a todos a esforzarnos por ser mejores padres.

El personal de Kids on the Move: Al personal compasivo, amoroso y dedicado de Kids on the Move, ¡gracias por ser únicos y maravillosos! ¡Ustedes son el corazón de KOTM! Transforman la vida de los niños y las familias todos los días. Su experiencia y calidad de cuidado son de la mas alta calidad. Sin embargo, lo que les distingue es su luz y amor por los niños y las familias.

Junta Directiva de Kids on the Move: Gracias por su apoyo y aliento para capturar la historia de nuestros fundadores y el impacto que KOTM ha tenido en nuestra comunidad durante los últimos cuarenta años. Al mirar hacia el futuro, agradezco su infinito apoyo a nuestras iniciativas estratégicas y mi visión de un cuidado inclusivo e innovador.

El equipo de Forbes Books: Muchas gracias por su ayuda, orientación y experiencia. Estoy agradecida a cada uno de ustedes del equipo y por su apoyo inquebrantable a mi historia y la historia de Kids on the Move. Estoy emocionada por los futuros libros que publicaremos juntos.

INTRODUCCIÓN

UN LLAMADO A LA ACCIÓN

Era un martes cualquiera cuando mi teléfono vibró sobre mi escritorio. Un nombre familiar, un colega mío, a quien llamaremos "Mike", apareció en mi pantalla del teléfono, contesté la llamada inmediatamente y dije: "¡Hola, pero qué sorpresa!" Lo saludé mientras me preguntaba a qué se debía la llamada inesperada. Intercambiamos algunos comentarios amables antes de que él continuara preguntándome si estaría interesada en ser voluntaria como miembro de la junta directiva.

Durante los dos años anteriores, Mike había servido en la junta directiva de una organización local sin fines de lucro de nuestra comunidad aquí en Utah, denominada Kids on the Move (KOTM). Aunque había escuchado mencionar el nombre de la organización sin fines de lucro y sabía que trabajaban con niños con discapacidades, no tenía mucho más información sobre la organización. Mike explicó que se habían abierto varios puestos en la junta directiva y que creía que yo sería una excelente opción.

Mientras que si me sentí halagada de que pensara en mí, no estaba segura de poder ser de alguna ayuda real para la organización. En ese momento, estaba absorta en dirigir mi propia empresa y trabajar para una organización de genealogía sin fines de lucro, FamilySearch.org. Sin mencionar que también soy una madre ocupada con seis hijos, ninguno de los cuales tiene necesidades especiales. KOTM ni siquiera estaba en mi radar. Honestamente, como muchas familias en nuestro país sin una conexión cercana con alguien con una discapacidad, sabía aún menos sobre el trastorno del espectro autista (ASD, por sus siglas en inglés), el síndrome de Down, la hidrocefalia, la depresión juvenil y cualquiera de las docenas de diagnósticos en el que uno de cada seis niños y sus familias en los Estados Unidos enfrentan diariamente.[1]

Claro, entendí que estas familias tienen necesidades especiales y diferentes requisitos de educación, etc. Sin embargo, inconscientemente no estaba familiarizada con los desafíos que muchas familias con un niño con discapacidad enfrentan diariamente para satisfacer las necesidades básicas de su hijo, sin mencionar las intervenciones y terapias necesarias.

No, todo eso vendría después.

Aquella tarde de un martes aparentemente cotidiano, yo era como cualquier otro padre de niños con un desarrollo normal. Tenía mi familia y tenía mi carrera. Mi trabajo fuera de casa se centró en ayudar a las empresas con eficiencia, optimización y sostenibilidad a largo plazo. ¿Qué podría ofrecerle a una organización sin fines de lucro que, estoy segura, estaba haciendo un trabajo absolutamente bueno

---

1 Centros para el Control y la Prevención de Enfermedades, "El trabajo de los CDC sobre discapacidades del desarrollo", CDC, 16 de mayo de 2022, consultado el 4 de diciembre de 2023, https://www.cdc.gov/ncbddd/developmentaldisabilities/about.html.

pero cuyos servicios no tenían nada que ver conmigo a nivel personal o profesional?

A pesar de mi falta de experiencia o educación sobre KOTM y las personas a las que ayudan, decidí aceptar la invitación de Mike para asistir a una reunión de la junta directiva, en parte como un favor para Mike, pero también porque creo firmemente que nunca se debe rechazar la oportunidad de conectarse con gente nueva. La semana siguiente, mientras estaba sentada en esa sala de juntas durante esa reunión de dos horas, sentí que algo se movió dentro de mí. Mientras la junta abordaba varios temas y preguntas de su agenda, escuché historia tras historia de familias cuyas vidas cambiaron por completo gracias a esta organización.

Entré a esa reunión creyendo que KOTM era simplemente un lugar donde las familias podían acceder a terapias para sus hijos. Pero me fui entendiendo que KOTM era una esperanza y salvación para miles de miembros de nuestra comunidad. Es un equipo de madres, padres, trabajadores sociales, maestros, líderes, voluntarios, médicos, empresarios, abogados, asesores financieros, inversionistas y más que creen que cada niño merece un futuro brillante y ofrecen su tiempo y recursos financieros para ayudar.

Después de una sola reunión de la junta directiva, supe que necesitaba ser parte de este equipo, pero no necesariamente sabía cómo contribuir. En lugar de pensar que no tenía nada que ofrecer, comencé a preguntar: "¿Qué puedo dar que marque la diferencia"?

Ese día algo cobró vida dentro de mí. Si bien siempre quise que mi vida tuviera significado y valor, lo he hecho de la manera que a la mayoría de nosotros se nos dice que contribuyamos a la sociedad.

- Desarrolla una carrera, construye un negocio que te guste y haz un buen trabajo. Marcado.

- Forma una familia y ama a tu cónyuge lo mejor que puedas. Marcado.
- Sé voluntario y contribuye a la comunidad en tu tiempo libre. Marcado.

Encontrarme con KOTM me hizo darme cuenta de que todos estamos llamados a hacer más que simplemente marcar los puntos de una lista. Todos y cada uno de nosotros estamos llamados a servir a los miembros de nuestra comunidad con nuestros dones y talentos únicos.

Espero que dentro de este libro podamos dibujar una imagen de las familias fenomenales, el personal maravilloso y los servicios esenciales que ofrecemos a las familias. Pero más aún, mi deseo es que recibas del fuego que arde dentro de cada padre, personal y voluntario que ha sido parte de KOTM: un fuego que cree en el potencial de cada niño y en el poder de las personas que usan su don para beneficiar a otros. Ya seas un profesional, un vecino o un amigo, tus habilidades, tiempo, bondad y recursos únicos pueden marcar la diferencia, específicamente para los niños con discapacidades, quienes se encuentran entre los más vulnerables y los que más merecen nuestro apoyo inquebrantable.

Descubre la pasión detrás de las páginas: Conoce el poderoso "¿Por qué?" Detrás de mi escritura y cómo estas historias pueden cambiar tu perspectiva.

chasingtheimpossiblebook.com/why

Mientras dibujamos esta imagen, somos cuidadosamente conscientes del increíble poder de las palabras. Las palabras que nuestra sociedad ha utilizado en el pasado para describir una discapacidad o a alguien con una discapacidad han sido increíblemente dañinas. Afortunadamente, a medida que nuestra comprensión ha crecido y evolucionado, también lo han hecho las palabras que utilizamos para describir a alguien que nació con una condición o discapacidad o que ha desarrollado una más adelante en la vida.

Si bien muchos de nosotros sabemos que ciertas palabras son rudas, groseras o francamente crueles, es importante señalar que la forma en que alguien quiere describir su diagnóstico o discapacidad a menudo tiene matices y es increíblemente personal. Por ejemplo, alguien puede preferir que lo describan como "habilidades especiales" en lugar de "discapacitado" o minusválido. Alguien diagnosticado con TEA puede preferir decir que tiene autismo, mientras que a otros les gusta que los describan como autistas.

A lo largo del libro, verás que constantemente me refiero a diversos diagnósticos como una *discapacidad* y a aquellos que han sido diagnosticados como personas *con una discapacidad*. Cuando se hace referencia a niños que no tienen una discapacidad, lo haré como *típicos* o *típicamente en desarrollo*. El equipo detrás del libro y yo llegamos a esta terminología por varias razones y creemos que justifica una explicación del uso de dos términos muy amplios para abordar un tema con muchos matices.

Las palabras *discapacidad* y *típico* son terminología muy común y tienden a ser entendidas universalmente por diversas comunidades de multitud de orígenes, etnias y experiencias. Si bien nos encantan algunos de los términos más nuevos, como "todas las habilidades" o "habilidades diferentes", no queremos que nadie, especialmente aquellos que no están familiarizados con estas diferentes condiciones a las que hacemos referencia en el libro, malinterpreten nuestro significado.

No es nuestra intención ni nuestro deseo etiquetar erróneamente o encasillar a una persona en una categoría en la que no encaja, sino simplemente agilizar la comunicación para servir mejor a las historias de cada familia. Si conoces a alguien o actualmente tienes una relación con alguien que tiene una discapacidad, te alentamos a iniciar una conversación y preguntarle sobre su forma preferida de abordar su condición. Queremos empoderar lo más que podamos, y lo que una familia considera que empodera, puede ser muy diferente de otra.

También queremos reconocer y señalar que un niño nunca es su diagnóstico. Sí, un diagnóstico puede definir los obstáculos o desafíos que enfrentan, pero no define quiénes son. Un niño con una discapacidad, al igual que un niño con un desarrollo típico, tendrá sus propias preferencias, áreas de interés y personalidad distinta.

A medida que compartamos las historias de estas familias, conocerás los obstáculos que superaron, incluso cuando los "expertos" les dijeron que era imposible. Más importante aún, comprenderás cómo sus vidas fueron transformadas y el profundo impacto que KOTM tiene en nuestra comunidad en conjunto. Pero lo último que quiero que te quedes solo con las historias. Quiero que estas historias y nuestra pasión te motiven a la acción.

Todos somos capaces de más, más bondad, más compasión y más cambios positivos. Ya sea como voluntario, donaciones financieras o creando conciencia, tu contribución es importante. Al pasar estas páginas, deja que las historias, la pasión y la dedicación de KOTM te inspiren a marcar la diferencia. Decir sí a ese impulso dentro de ti para servir a algo más grande que a ti mismo y desafiar lo que alguna vez fue etiquetado como imposible. Juntos podemos garantizar que cada niño, cada familia y cada comunidad reciban el apoyo que se merecen. Aquí en KOTM, nuestro viaje está lejos de terminar; nuestro objetivo es lograr metas más importantes y futuros más brillantes para las familias a las que servimos, y queremos que digas sí a ser parte de la historia.

CAPÍTULO 1

UN NIÑO A LA VEZ

Pensé que el sol nunca volvería a salir. Pero ahora, cuando miro a mi hijo, me doy cuenta de que el sol sale con él.

—PADRE DE KOTM

Raul y Laura eran como cualquier pareja joven que esperaba su primer hijo en 1996. Como tantos padres jóvenes antes que ellos, estaban igual de ansiosos y nerviosos por conocer a su pequeño. Pero la paternidad no fue el único viaje nuevo que emprendieron. La pareja se había mudado recientemente a los Estados Unidos y ambos se esforzaban por establecerse. Trabajando duro para hacer realidad las promesas de vida en Estados Unidos.

El embarazo de Laura había sido típico y todo parecía ir según lo planeado. Sin embargo, su plan se fue por la ventana cuando su hijo, Raulito, llegó prematuramente. La pareja no lo sabía en ese momento, pero su "plan" fue cambiado para siempre. Además de los desafíos que conlleva un bebé prematuro, a medida que pasaban los días, se hizo cada vez más claro que Raulito necesitaría apoyo y cuidados extensivos. Raulito luchaba por tragar, un instinto con el que nacen la mayoría de los bebés, y no alcanzar hito tras hito.

Mientras Raul y Laura luchaban por aprender un nuevo idioma e intentaban navegar por el laberinto de un sistema de salud extranjero, llevaron a su hijo a un médico tras otro, buscando respuestas y tratando de ayudarlo a encontrar el tratamiento que necesitaba. Como madre primeriza con poco apoyo de la comunidad y acceso limitado a la información, Laura tuvo dificultades para comprender plenamente la condición de su hijo. Ella admitió: "Como madre primeriza, no tenía experiencia con niños ni bebés. Si se movía o no se movía, era normal. No conocía otra manera".

No fue hasta que Raulito cumplió su primer año que un médico los sentó y finalmente les compartió un diagnóstico: parálisis cerebral. Mientras que el título ofrecía cierta claridad, Laura y Raul lucharon por comprender el alcance de su condición y lo que significaría para el desarrollo de Raulito. El hospital proporcionó a la pareja una remisión a los servicios de KOTM, pero ellos aún no estaban seguros de qué significaba "servicios".

Cuando Gaby Breton, especialista en desarrollo de KOTM, tocó la puerta de los Hernandez, no solo les brindó claridad y respuestas; ella trajo esperanza. Al ser bilingüe, Gaby cerró la brecha lingüística y se conectó con la joven familia en su español nativo. Durante esa primera reunión crucial, guió con cuidado a Raul y Laura hacia la comprensión de la permanencia del diagnóstico y la discapacidad de su hijo. Hasta ese entonces, Raul explicó: "No sabía que su condición era permanente".

Gaby entendió la confusión emocional que estaban atravesando Laura y Raul. No solo estaban asumiendo el hecho de que su hijo tiene una discapacidad, sino que también lo estaban haciendo en un país extraño con muy pocos familiares o amigos cercanos que los apoyaran. Gaby, al más puro estilo KOTM, intervino para llenar cada uno de esos vacíos. Durante las visitas domiciliarias, Gaby solía traer a sus propios hijos, lo que ayudaba no solo a fomentar un sentido de confianza entre las dos mamás (porque, seamos honestos, existe un entendimiento silencioso entre las madres de que simplemente *lo entendemos*), sino que también le permitía a Laura ver de primera mano cómo otras mamás crían a sus hijos. Cuando parecía que su despensa se estaba agotando, Gaby traía alimentos en su próxima visita y reabastecía la cocina de esa familia. Ella se convirtió en un refugio seguro para la pareja mientras lo emocional y las ramificaciones y logísticas del diagnóstico de Raulito.

Gaby también guió a Laura y Raul a través de todos los programas ofrecidos en KOTM en los que la familia podía apoyarse, incluidas clases presenciales y sesiones de terapia. Al principio, Laura no estaba segura de llevar a Raulito a KOTM para recibir terapia y clases, y se preguntaba por qué no podía manejar su cuidado en casa.

En ese momento, Laura no tenía auto, por lo que cruzar la ciudad con Raulito, quien, una vez que tuvo suficiente edad, comenzó a usar silla de ruedas, no fue tarea fácil. Ella reflexionó: "Las clases me ayudan a salir de casa y sentir que puedo conectarme con otras familias, ver otros recursos y comenzar a interactuar con otros padres". Estas clases en el centro eran tan importantes para Laura que no era extraño para ella esperar el autobús bajo la lluvia, la nieve o el sol y para luego hacer el viaje de una hora a través de la ciudad. Hoy en día, Gaby suele compartir la historia de Laura con otras familias que luchan por llegar al centro, y les explica que si Laura puede hacerlo, ellos también pueden.

Laura relató: "Fue muy difícil durante los primeros cinco años. La mayor parte del tiempo, él entraba y salía del hospital con muchos problemas médicos". Raulito siguió teniendo dificultades para tragar y, en un momento, los médicos incluso recomendaron una sonda de alimentación, por temor a la desnutrición. Pero Laura, fortalecida por el entrenamiento, el apoyo y la comunidad del personal y otras familias de

KOTM, rechazó rotundamente la sonda de alimentación. Ella tenía una fe inquebrantable en que él era más que capaz y que, con tiempo, paciencia y constancia, él aprendería. Hoy, Raulito se alimenta sin problemas.

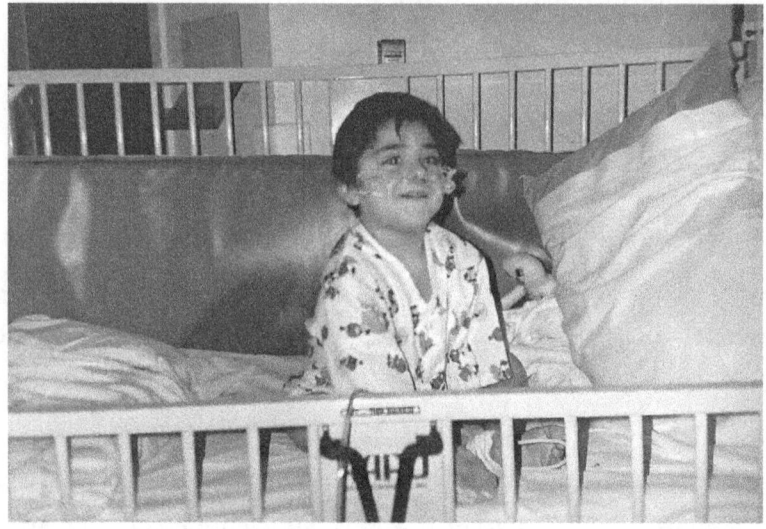

Raulito Hernandez

La fe de Laura en la capacidad de Raulito para aprender y superar las adversidades era más que un deseo. Con el paso de los años, Raulito prosperó a medida que el apoyo y la terapia que recibió tuvieron un impacto imborrable. El programa de cuidados de relevo le brindó a la familia Hernandez descansos muy necesarios de la atención que él necesitaba las 24 horas del día y la tranquilidad de saber que Raulito estaba bien cuidado.

A medida que las habilidades de Raulito crecieron, siguió sorprendiendo a todos los que lo rodeaban. Laura recordó un incidente cuando sus padres la visitaron desde México. Su madre tenía una cita, así que antes de meterse en la ducha, le instruyó a Raulito que se pusiera los zapatos y estuviera listo para cuando ella regresara. Cuando salió de la ducha, una ola de pánico la invadió porque nadie en la casa parecía saber donde estaba Raulito. Temiendo que hubiera salido, corrieron hacia la puerta principal, solo para encontrar a Raulito esperando pacientemente junto al auto. No solo se puso los zapatos, sino que también se sentó en su silla de ruedas, abrió el garaje e incluso abrió la puerta del auto, todo para asegurarse de que no llegaran tarde. ¡La familia estaba completamente asombrada por las nuevas capacidades de Raulito!

Gaby Breton explicó: "Nuestra filosofía en KOTM es ayudar a los padres, empoderar a los padres. Así, cuando nos dejen, podrán saber qué hacer con sus hijos". Y continuó: "Uno de mis objetivos, desde el primer día, es empoderar lo suficiente a las familias y este es mi buen ejemplo. Empoderé a Laura lo suficiente como para que cuando Raulito cumpliera tres años, ella supiera qué hacer. Ella conocía los recursos que teníamos afuera en la comunidad para poder hacerlo".

La historia de la familia Hernandez es una clara ilustración de los resultados extraordinarios que se desarrollan cuando el amor incondicional de los padres se cruza con los recursos y herramientas necesarios para empoderarlos. Hasta el día de hoy, veinte años después, Gaby comparte un vínculo estrecho con la familia Hernandez; Raulito y sus hermanos se refieren a ella cariñosamente como "tía", y ella y Laura siguen siendo buenas amigas.

Descubre el viaje inspirador de la familia Hernandez: Mira cómo el apoyo y el coraje inquebrantable de un padre pueden empoderar a una familia entera contra todo pronóstico.

chasingtheimpossiblebook.com/chapter1

Es vital recordar que la historia de Raul y Laura no es única. Innumerables familias enfrentan los desafíos inesperados de criar a un niño con una discapacidad. El amor y el apoyo que reciben hacen toda la diferencia. KOTM es una organización que entiende esto y su trabajo es una luz de esperanza para familias como los Hernandez, que buscan información, recursos y apoyo necesarios.

En muchos sentidos, la familia Hernandez personifica la razón por la que se fundó KOTM en la década de 1980. Las fundadoras Karen Hahne y Brenda Winegar, quienes en ese momento se habían convertido recientemente en padres de niños con síndrome de Down, creían, a pesar de las suposiciones comunes en ese momento, que cuando los padres cuentan con el conocimiento y el apoyo, pueden ofrecerle a sus hijos el más brillante futuro posible.

DESDE PEQUEÑOS COMIENZOS

"Nadie tenía la intención de iniciar un programa. Eso era lo más alejado de mi mente", recordó Karen Hahne con una leve sonrisa.

En 1983, Karen era una mamá con un "plan perfecto", al igual que Laura y Raul. Sus propios hijos, tres de los cuales fueron adoptados, tenían entre siete y diecisiete años y eran bastante independientes: todos sabían ir al baño y tenían movilidad. Sin intenciones de tener más hijos ni adoptar nuevamente, Karen planeaba regresar a su carrera como maestra a tiempo parcial. Lo que le permitiría trabajar por la mañana y estar en casa con sus cinco hijos cuando regresaran de la escuela. Era un gran plan y todo estaba encajando.

Mientras abordaba su lista de verificación y renovaba certificaciones, Karen recibió una llamada inesperada. Era una trabajadora social que tenía la información de contacto de los Hahnes registrada en sus adopciones anteriores. La trabajadora social explicó que unos días antes había nacido un niño con síndrome de Down que necesitaba un hogar. Continuó preguntándole a Karen si tendría algún interés en adoptar al niño. Mientras que muchas personas en su posición lo rechazarían amablemente o incluso pedirían algo de tiempo para considerarlo, Karen simplemente tiró su plan por la ventana.

Antes de que tuviera tiempo de pensar, Karen recordó la palabra "sí" que saltó de su boca: "En un instante, simplemente dije que sí. Entonces comenzó el viaje. De pronto pensé, soy una madre de cuarenta y dos años. Necesito algo de ayuda".

Seis años antes, justo al otro lado de la ciudad, Brenda Winegar, una madre de cinco niños excepcionales, también creía que había terminado de tener mas hijos en su familia. ¡Al igual que Karen, su hijo menor tenía ocho años y Brenda tenía absolutamente ningún plan de agregar otro pequeño al grupo cuando descubrió que estaba esperando el bebé sorpresa número seis! Poco después de la llegada de Becca, Brenda se enteró de que había nacido con síndrome de Down.

Karen Hahne y Brenda Winegar

Tanto Brenda como Karen, como maestras profesionales y madres experimentadas, entendían profundamente la importancia de la educación y querían asegurarse de que sus hijos obtuvieran lo mejor. Pero, debido al diagnóstico de sus hijos, necesitarían recursos especializados si alguna vez quisieran alcanzar su máximo potencial. A principios de la década de 1980, Karen y Brenda se encontraron en un viaje que no solo cambiaría sus vidas sino que también encendería una luz de esperanza para innumerables familias. Inicialmente buscaban recursos para sus hijos con síndrome de Down, pero sin querer se embarcaron en un camino que los llevaría a crear un lugar de empoderamiento, apoyo y posibilidades ilimitadas para los niños y las familias que enfrentan la crianza de un niño con discapacidades.

Cuando Karen comenzó a buscar recursos disponibles para su hijo, Reed, descubrió PEEP (Programa de Educación Temprana de Provo) en la ciudad de Provo, Utah, que ofrecía terapia física y del habla. Pero Karen rápidamente se dio cuenta de que no satisfacía la profundidad de las necesidades que había previsto para él.

Cuando Karen se unió al programa por primera vez, el director la llevó a un lado y la animó gentilmente a que necesitaba bajar las expectativas sobre el desarrollo de Reed, advirtiéndole que "Ámalo, pero que no espere demasiado". No podía imaginar aceptar tales limitaciones, especialmente cuando su corazón le decía que había más potencial dentro de estos niños del que se les acreditaba.

Las historias de las dos mujeres continuaron reflejándose mientras Brenda recibía mensajes similares. En lo que respecta al desarrollo de su hija Becca, Brenda recordó que su pediatra le advirtió: "'Quizás Becca pueda desarrollarse hasta la madurez mental y emocional de una niña de cinco años'. Bueno, eso no me gustó y pensé que no había manera de aceptarlo. Sí, el trabajo sería duro, pero sabía que Becca era capaz de más".

Pero esto era 1984, una época en la que los programas para niños con discapacidades eran escasos y poco frecuentes. El panorama era muy diferente a la actualidad sin las protecciones y recursos legales que eventualmente entrarían en juego. Aún faltaban seis años para que se promulgara la Ley de Estadounidenses con Discapacidades, y el camino hacia la igualdad de derechos aún era un camino largo y sinuoso.

Mientras las dos mujeres hacían todo lo posible para aprovechar los pocos programas disponibles y al mismo tiempo buscar más opciones, los caminos de Karen y Brenda finalmente se cruzaron. Las dos se conocieron a través de la escuela Montessori donde Brenda enseñaba. Una vez que se relacionaron, rápidamente se dieron cuenta de que ambas querían más para sus hijos. ¿Aprenderían sus hijos de manera diferente a los niños típicos? Si. ¿Pero, serían capaces de aprender? Absolutamente.

Una vez que Karen y Brenda comenzaron a pensar en cómo ayudar a sus hijos, supieron que el empoderamiento de los padres era la clave. Brenda recordó: "La razón por la que comenzamos nuestro programa fue el poder de los padres. Los padres debían tener el poder de ser parte de cualquier tipo de manipulación física o enseñanza. Eso es lo que tuvo que moverse. Era este poder de los padres. Tenemos que tener el poder de ayudar a nuestros hijos".

En la siguiente cita de terapia de Reed, Karen le pidió al terapeuta que le mostrara cómo practicar los mismos movimientos para poder practicar y reforzar lo que Reed estaba aprendiendo cuando estaban en casa. El terapeuta la miró fijamente a la cara. "No trabajo con padres", afirmó sin rodeos.

Frustrada, Karen continuó buscando formas de educarse y poder ayudar a su hijo. Karen conoció de Pat Ollwine, un profesor del estado de Washington que también enfatizó la importancia de los padres como líderes del desarrollo de sus hijos. Karen asistió a un taller de tres semanas organizado por Ollwine, durante el cual Ollwine continuaba animando a que son los padres quienes conocen mejor a sus hijos y son los mejores para navegar los detalles de su cuidado, terapia y crecimiento. Karen regresó a casa animada, lista para sumergirse y hacerse cargo de la educación de Reed.

Al regresar de Washington en su siguiente cita de terapia, Karen explicó lo que había aprendido y la importancia de su participación, y una vez más le pidió al terapeuta que le mostrara cómo practicar los mismos movimientos en casa. Esta vez, el terapeuta miró a Karen con cinismo y respondió: "No va a funcionar". Cuando Karen le preguntó por qué, el terapeuta prosiguió: "Los bebés llorarán y los padres se agotarán".

Sin inmutarse, Karen insistió, "Necesito saber cómo hacer esto. Estoy con él todos los días. Él te ve una vez a la semana o cada dos semanas durante 15 minutos".

Al recordar ese momento crucial, Karen explicó: "Pensé: '¡Los bebés lloran de todos modos! Y los padres tienen derecho a agotarse si tienen que lidiar con muchas cosas'. Está bien decir: necesito una pausa, necesito algo de espacio, necesito algo de tiempo. Entonces allí fue cuando Brenda y yo realmente juntamos nuestras cabezas y dijimos que teníamos que ofrecer más y que debíamos enfatizar que, hagamos lo que hagamos, los padres están allí con sus hijos".

A medida que Reed y Becca continuaron creciendo e ingresando a la escuela primaria, quedó claro que las expectativas seguirían siendo bajas y, como resultado, potencialmente retrasaría el crecimiento de los niños. ¿Cómo puede alguien aprender si todos los maestros se niegan a enseñarles lo que les están enseñando a los demás niños?

Cansadas de esperar que alguien les ayudara, Brenda y Karen se pusieron a trabajar. Imaginaron un lugar donde sus hijos pudieran acceder a las terapias necesarias, pero también alentaron la participación de los padres para que pudieran replicar las técnicas y ejercicios en casa. Y eso es exactamente lo que hicieron; llamaron su programa "Up With Downs" y crearon un modelo basado en lo que necesitaban.

Comenzaron lentamente y el grupo se reunió dondequiera que pudieron, en sus casas, en una pizzería local, en un espacio de oficina prestado e incluso en la parte trasera de una vieja camioneta. A pesar de los humildes comienzos, semana tras semana se unieron más familias, cada una de las cuales buscaba respuestas y recursos. Cuando un niño desarrollaba una nueva habilidad o alcanzaba una meta, los padres compartían su enfoque con los demás para que todos los niños pudieran beneficiarse. Brenda se rió: "Una vez que comenzamos, vimos que los padres apreciaban reunirse, hablar y compartir experiencias. Y si un niño hubiera desarrollado algunas habilidades nuevas, otro padre diría, '¿Qué hiciste? ¿Cómo conseguiste que tu hijo hiciera esto?' Existía tal fuerza".

Con el tiempo, el grupo creció lo suficiente como para reunirse en la escuela local. Y antes de que se dieran cuenta, surgió la necesidad de equipamiento, lo que significaba que necesitarían financiación. Entonces, Karen y Brenda manejaron hasta Salt Lake City e hicieron una cita con el Director de Servicios Sociales. Compartieron con él todo lo que estaban haciendo con Up With Downs y le pidieron apoyo. ¡No podían creerlo cuando salieron de su oficina con un cheque por 2.000 dólares y con esto compraron juguetes, un sacapuntas y algo de chocolate!

Una simple creencia fundamental continuó impulsando a las mujeres hacia adelante: si se empodera a los padres y se ofrece apoyo a las familias, los niños tendrán la oportunidad que merecen de un futuro brillante. En un mundo que a menudo no se cumplía con las expectativas, apostaron por la esperanza y crearon el programa que claramente faltaba en su comunidad. ¡Nunca antes habían dirigido una organización sin fines de lucro, un programa comunitario de ese tamaño, ni siquiera criado a un niño con discapacidades antes! No esperaron hasta estar "calificados" o hasta obtener el permiso de alguien. Simplemente vieron la necesidad, dijeron que sí, se arremangaron las mangas y se pusieron a trabajar.

Karen compartió la historia de aquellos primeros días de un padre que alguna vez se sintió aislado, lidiando con la repentina realidad de criar a un niño con síndrome de Down. Esta sensación de aislamiento fue destrozada por la comunidad que ellos habían construido. Karen relató sus palabras: "Pensábamos que éramos los únicos con un hijo con síndrome de Down. Un día estaba pensando que iba a jugar a la pelota en el jardín con mi hijo, y al día siguiente, eso desapareció y no tenía idea de qué hacer ni por dónde empezar". La necesidad de un sistema de apoyo era innegable y Up With Downs intervino para llenar ese vacío.

Unos años más tarde, Karen y Brenda obtuvieron su primera subvención gubernamental. Brenda reflexionó sobre el momento en que recibieron la noticia de que la subvención era suya: "¡Dios mío, realmente tenemos que hacer esto ahora!" Ella relató riendo: "¡No hay forma de echarse para atrás!" Ella continuó compartiendo, "Había otro fisioterapeuta allí que quería hacer lo mismo, pero fuimos nosotros los que obtuvimos la subvención. El terapeuta preguntó, '¿Tienen un nombre?'

Respondimos, 'Bueno, no, en realidad no'.

'Yo Iba a utilizar Kids on the Move.'

'¡Eso es perfecto!', prácticamente gritamos. '¿Podemos tenerlo?'

Él amablemente respondió: 'Bueno, no lo recibí, así que sí, se los dejo a ustedes'. Y también hizo espacio en su oficina. Tenía mucho equipos y se ofreció a dejarnos venir una vez por semana con nuestro grupo. Todo lo que pudimos hacer fue decir gracias porque dependíamos de las plegarias y del Señor. Sabíamos que podíamos hacerlo si contábamos con su ayuda".

Desde sus inicios en 1986, con siete empleados que servían a sesenta y cuatro niños, KOTM ha prosperado. Solo en 2023, atendimos a 3.110 niños y empleamos a 236 personas dedicadas. El crecimiento ha sido nada menos que extraordinario, una prueba de las necesidades insatisfechas de las familias y del innegable poder de la comunidad. Karen y Brenda dieron a las familias algo más que las palabras "ama, pero no esperen mucho". Les otorgaron un sentimiento de esperanza, confianza y un camino a seguir.

Mientras que el viaje de Karen y Brenda es uno de triunfo sobre la adversidad, también sirve como un recordatorio de los desafíos persistentes. La creencia en la segregación de los niños con discapacidades de la sociedad aún persiste y la lucha por el reconocimiento y la inversión continúa. En un mundo que dice haber "evolucionado", la lucha para asegurar recursos y apoyo para estos niños sigue en curso.

UN MOMENTO DE KOTM
Gaby Breton, Especialista en Desarrollo

Mi nombre es Gabriela Breton y trabajo en KOTM desde hace más de treinta y un años. Ha sido una gran experiencia que me ha ayudado a crecer emocionalmente y conectar profundamente con cada una de las familias que he conocido.

Recuerdo hace años cuando nos mudamos por primera vez a nuestro edificio y solo teníamos sesenta y cuatro niños como parte de nuestros programas y siete empleados. Hoy en día tenemos tanto personal que ni siquiera sé cuántos tenemos y atendemos a miles de niños cada mes. He tenido tantas experiencias maravillosas y ha sido una alegría y un honor tener un asiento en primera fila a medida que KOTM ha crecido.

> La belleza de mi trabajo es con las familias, mostrándoles las posibilidades, ayudándoles en acceder a los recursos y observando cómo sus hijos crecen a medida que su familia se transforma. Debido a que llevo tanto tiempo aquí, la gente a menudo me pregunta por qué no he explorado otras organizaciones o incluso diferentes trabajos. Y cada vez mi respuesta es la misma, amo KOTM y mi corazón está aquí.

EL IMPACTO DEL PODER DE LOS PADRES

Karen y Brenda fueron pioneras de su época. A pesar del desánimo de los médicos profesionales y los constantes obstáculos, creían que sus hijos eran capaces y merecedores de mucho más. Y ellas tenían razón.

Lo que proponían Brenda y Karen, empoderar a los padres y brindar a los niños con discapacidades las mismas oportunidades que a sus compañeros con un desarrollo típico, era relativamente nuevo. El fisioterapeuta de Reed y su resistencia de trabajar con Karen es evidencia de que incluso los médicos profesionales capacitados se mostraron escépticos en cuanto al potencial de estos niños o la capacidad de los padres para crear un impacto.

Si bien hoy contamos con estudios e investigaciones que respaldan la efectividad del enfoque de Karen y Brenda, la vida de Reed, en sí misma, es un testimonio suficiente. Reed era un estudiante tan talentoso que, mientras crecía, Karen a menudo pensaba que lo estaba limitando accidentalmente. Karen contó: "A veces pienso que el mayor obstáculo para Reed fui yo porque no había soñado lo suficientemente alto. A veces aceptaba lo que la gente diría sobre la capacidad de alguien con síndrome de Down. Pero tan pronto que me aparté de su camino, él me demostró que estaba equivocada".

Cuando Reed tenía tres años, como muchos padres, Karen no estaba demasiado preocupada de que Reed aprendiera a leer. Como maestra sabía que eso vendría más adelante. "Le leí muchos libros a Reed", recordó Karen. "A él simplemente le encantaban y estábamos trabajando para aprender un poco sobre lenguaje de señas infantil. Pero un día, una de las maestras me llamó al salón de clases y ella dijo: 'Tienes que ver esto. Reed está leyendo!' Y yo respondí con escepticismo: 'Uh, no lo creo'. Y ella simplemente respondió: 'Mira'.

"Mientras los niños entraban a clase, la maestra tenía un pequeño marco con etiquetas con sus nombres que los niños recogían y ponían cuando entraban al salón de clases. Y cuando los niños entraban, Reed tomaba cada etiqueta con su nombre y se las entregaba a cada niño. ¡Y lo logró al 100 por ciento!

"Toda la experiencia me dejó atónita y seguía pensando, 'En serio, ¿Estoy atrasada aquí? ¡Él me está empujando hacia adelante! ¡El niño 'Yo lo hice' ha aprendido a leer!"

Reed Hahne

Y ese fue simplemente el comienzo. En 1996, Reed fue nominado por sus compañeros de sexto grado y su maestra como héroe comunitario y tuvo el honor de llevar la antorcha olímpica mientras viajaba a través de Utah para los Juegos Olímpicos de Atlanta. En la escuela, Reed formó parte de la Sociedad Junior de Honor Nacional y participó en su coro a capella y, después de graduarse de la escuela secundaria, asistió a la Utah Valley University. Ha servido como miembro de la Red Nacional de Liderazgo Juvenil, la Sociedad Nacional del Síndrome de Down, donde recibió el premio Defensor del Año en 2005, el Consejo de Discapacidades del Desarrollo de Utah de 2007 a 2013, y más. También recibió múltiples reconocimientos por su servicio, incluido el premio Walter C. Orem en Noviembre de 2004 por su compromiso con su comunidad. Como miembro activo de la comunidad de Orem, él ha participado en más de veintiuna producciones teatrales comunitarias, incluidas *Fiddler On The Roof* y *The King and I*. Reed también ha servido en dos misiones para La Iglesia de Jesucristo de los Santos de los Últimos Días. Hoy, Reed está comenzando su undécimo año como empleado en la Biblioteca Orem y es un maravilloso cuidador de su madre.

Todo esto del joven al que los proveedores miraron y le dijeron a su madre, "...no espere demasiado".

Karen fue intrépida en su impulso para crear estas oportunidades tanto para su hijo como para todos los niños de su comunidad; juntos, superaron las expectativas limitantes. Y mientras cada niño y lo que algún día lograrán son completamente únicos, Reed sirve como ejemplo de que todo es posible cuando crees y encuentras una manera o estás decidido a crearla.

Karen y Brenda no se limitaron a crear una organización que ofrece servicios a niños con discapacidad. Sentaron un precedente desde el principio, un precedente que se ha convertido en el alma de

KOTM, dondequiera que haya una necesidad, daremos un paso al frente para satisfacerla. Mientras el viaje de KOTM comenzó con un enfoque en la intervención temprana para niños con discapacidades y retrasos en el desarrollo, nuestra visión se expandió rápidamente.

En el otoño de 1992, para permitir a los padres pasar tiempo a solas con sus hijos matriculados en el centro, Kids on the Move inició un pequeño Centro de Educación Temprana (EEC; programa de cuidado infantil) para doce niños, principalmente para brindar cuidado a los hermanos de niños que vienen al centro para recibir servicios. También se reservaron varios lugares para los hijos del personal, lo que les facilitó a ellos venir a trabajar y atender a las familias que aman. Y en 2001, el EEC logró una meta importante. Se convirtieron en uno de los pocos centros de cuidado infantil en el estado de Utah en lograr la acreditación de la Asociación Nacional para la Educación de Niños Pequeños.

Una a una, se presentaron oportunidades para atender a familias de bajos ingresos en la comunidad, y KOTM continuó diciendo que sí. En 1998, KOTM recibió una subvención competitiva del gobierno federal para brindar servicios de Early Head Start al condado de Utah. Es un requisito federal que el 10 por ciento de los niños inscritos en el programa tengan una discapacidad. Continuaríamos abriendo nuestro Centro para el Autismo, asociando y pronto adquiriendo un programa de cuidado de relevo, organizando grupos de apoyo para hermanos de niños con discapacidades, ¡y mucho más!

Karen explicó el continuo crecimiento y expansión de KOTM, "Si apoyamos a los padres y apoyamos a la familia, entonces los niños estarán bien".

En ningún momento durante su mandato como directores ejecutivos de esta organización miraron a una familia necesitada y dijeron: "Eso no es lo que hacemos". Eligieron intervenir siempre que pudieron porque entendieron que cuando las familias están empoderadas para satisfacer las necesidades de sus hijos, los niños tendrán la mejor oportunidad de tener un futuro brillante.

Así que, mientras reflexionamos sobre el viaje de Karen y Brenda, dejemos que su historia sea una fuente de inspiración. Dejemos que su creencia inquebrantable en el potencial de los niños con discapacidades y sus familias nos recuerde el poder transformador del amor de los padres. Su legado nos llama a desafiar el status quo, a defender los derechos y oportunidades que estos niños merecen. Como resultado, KOTM representa un lugar donde prospera el empoderamiento, el apoyo y las posibilidades ilimitadas.

UNA BASE PARA EL FUTURO

La dedicación de KOTM para satisfacer las necesidades de los niños nunca flaqueó mientras continuaba ampliando sus programas, incluso cuando parecía imposible. La misión siguió siendo la misma: brindarles a los niños la mejor oportunidad de tener un futuro brillante. Y después de formar parte de la junta directiva durante dos años, sentí un fuerte impulso de contribuir más para garantizar la viabilidad a largo plazo de KOTM. Esto me llevó a postularme para el puesto vacante de Director de Operaciones. Aprovechando mis años de experiencia en consultoría con grandes corporaciones, pensé que mi experiencia podría beneficiar a KOTM. Renuncié a la junta y solicité el puesto.

Mi enfoque a la hora de consultar empresas siempre ha sido simple pero efectivo: identificar la propuesta de valor empresarial, comprender los problemas, desafíos o riesgos, recopilar datos, tomar decisiones informadas, incorporar sistemas, crear un plan financiero para escalar y crecer, y ofrecer resultados. Los desafíos y la complejidad de operar negocios esencialmente diferentes con diversas fuentes de financiamiento, cada uno con requisitos reglamentarios definidos y auditados, todo dentro de

KOTM, eran sustanciales, pero sabía que era la persona adecuada, con las habilidades adecuadas, en el momento adecuado para abordarlos.

Todos nosotros, en un momento u otro de nuestras vidas, tenemos una oportunidad similar de utilizar nuestras habilidades y oportunidades únicas para generar cambios. Cuando eso sucede, es fácil decir que estamos demasiado ocupados o que alguien más puede asumir el desafío. Sin embargo, cuando miré a KOTM, tuve un momento de claridad en el que me di cuenta de que, si no lo hago yo, ¿entonces quién? Sabía, con todo lo que había dentro de mí, que este desafío requería mi experiencia y conocimientos.

Así que, mientras asumía los roles de director de operaciones y, más tarde, director ejecutivo, mi misión era clara, establecer esta organización para el próximo capítulo y asegurar que estas familias tengan los recursos que necesitan ahora y en el futuro.

UN MOMENTO DE KOTM
Karen Hahne, Fundadora

Una vez que iniciamos Up With Downs, vimos cuánto apreciaban los padres el simple hecho de reunirse, hablar y compartir sus experiencias. Existía tanta fuerza en encontrar una comunidad que pudiera entender por lo que estás pasando.

Un día entró una mujer y trajo a su bebé. Ella compartió que el bebé tenía un tumor cerebral y sabían que no viviría mucho tiempo. Todos nos reunimos a su alrededor para apoyarla y amarla. Le dijimos lo hermoso que era su bebé y la maravillosa madre que era. Solo una semana después, el bebé falleció.

Recibimos una carta de esta dulce madre. En esta, compartió que éramos los únicos que pensábamos que su hijo era hermoso. En ese momento me dije a mi misma: "Bien, por eso es que estamos aquí". Tenemos que seguir hacia delante.

Mi primer desafío como Director de Operaciones fue encontrar una forma sostenible de financiar nuestro Centro para el Autismo. Como la mayoría de las organizaciones sin fines de lucro, KOTM dependía únicamente de donaciones y subvenciones ocasionales. Mientras eso tenía sus ventajas, también tenía sus limitaciones. Las subvenciones a menudo vienen con reglas estrictas y la recaudación constante de fondos plantea el riesgo de agotamiento de los donantes. Las subvenciones del gobierno no estaban disponibles, lo que nos hizo depender únicamente de las donaciones. Con una necesidad tan significativa como la de nuestro Centro para el Autismo, fácilmente podríamos quedarnos sin los fondos necesarios rápidamente.

Necesitábamos diversificar nuestras fuentes de financiación en lugar de depender únicamente de donaciones. Durante varios años, abogamos en nombre de las familias para que las compañías de seguros cubrieran el tratamiento relacionado con el autismo. En 2013 se aprobó un proyecto de ley el cual hizo precisamente eso, lo que nos abrió la puerta para tomar la decisión revolucionaria de empezar a facturar a los seguros privados. Esta decisión no solo nos hizo auto-sostenibles sino que también nos permitió pronosticar y tomar decisiones basadas en los mejores intereses de las familias a las que servimos. No estábamos aquí para obtener ganancias, por lo que el flujo de efectivo adicional nos dio la flexibilidad de ofrecer más clases y preguntar a nuestras familias: "¿Qué necesitan?" Desarrollar programas y servicios basados en las necesidades que vemos y no solo en los requisitos mínimos ha transformado nuestra organización. Este cambio nos permitió continuar brindando terapia y recursos. Comenzamos a identificar brechas en el sistema y trabajamos activamente para llenarlas. Con el florecimiento del Centro para el Autismo, estábamos en mejor posición para abogar por las familias a las que servimos.

Hoy, como Director Ejecutivo, el equipo y yo estamos enfrentando otro desafío para nuestra sostenibilidad a largo plazo, KOTM está en necesidad urgente de un nuevo edificio y campus que brinde servicios integrales para las familias. ¡Ten en cuenta que en la actualidad contamos con más de 230 miembros del personal y solo sesenta y cuatro espacios de estacionamiento en el lugar! Teniendo esto en consideración, es fácil entender que cuando les digo que cada rincón de nuestras instalaciones actuales está en uso constante, no estoy exagerando. Esto limita no solo la forma en que servimos a las familias sino también cómo servimos a nuestra comunidad. Siempre hemos estado comprometidos a ofrecer nuestro espacio para eventos locales y otras organizaciones necesitadas, pero actualmente no podemos hacerlo.

Mientras pienso en el desafío que existe por delante, no puedo evitar reflexionar sobre el viaje increíble de KOTM. Recuerdo que hace cuarenta años, Karen y Brenda dieron un paso valiente para brindar recursos a los niños y sus familias. Mientras nos encontramos al borde de un crecimiento monumental, puedo decir con certeza que si Karen y Brenda pudieron dar un paso adelante para satisfacer las necesidades de nuestra comunidad en ese momento, ciertamente lo podemos hacer ahora.

TU ACCIÓN
Una marea creciente levanta todos los barcos

En Estados Unidos somos conocidos por un enfoque de la vida comúnmente conocido como "individualismo rudo". Valoramos la autosuficiencia, la independencia y nos alegramos mucho cuando alguien se recupera por sus propios medios sin la ayuda de nadie más. Si bien estas cualidades pueden ser admirables y vale la pena celebrarlas, no puedo evitar preguntarme si tenemos una tendencia a hacer oscilar demasiado el péndulo en alabanza del individualismo rudo y hemos olvidado el regalo y la bendición que es la comunidad.

Al recordar la historia de Brenda y Karen, veo los hilos de conexión entre el dúo dinámico y los miembros de la comunidad. Casi todos se sintieron solos en su lucha por darle a sus hijos un futuro mejor. Cada uno de ellos luchó por encontrar los recursos y apoyo necesarios. Y cuando Karen y Brenda abrieron las "puertas" de su organización piloto, Up With Downs, las familias llegaron en masa. Las mismas familias se quedaron cuando se dieron cuenta de que habían encontrado un lugar de aceptación, apoyo y aprendizaje compartido.

Para muchos de nosotros, nuestra falta de comunidad no se atribuye a la determinación de actuar solos. Los pueblos se han convertido en grandes ciudades, la gente con frecuencia se traslada en busca de empleo y otros factores tienden a contribuir a una disminución del sentido de comunidad. Pero esa falta de conexión a menudo conlleva una falta de sentido de responsabilidad y propiedad para apoyar y ser parte de una comunidad vibrante y saludable. Lo veo en mi propia historia cuando dudaba en explorar el voluntariado en la junta directiva de KOTM. Aquí había una organización que era una parte vital de mi comunidad, pero como realmente no se alineaba con mis propias necesidades o intereses, mi reacción automática fue, *esto no tiene nada que ver conmigo, entonces, ¿Cómo podría yo ser de alguna ayuda?*

Sí, una persona independiente es capaz de hacer cosas maravillosas por sí sola. Pero, ¿qué pasa si tomas a diez personas increíbles, todas muy capaces, y empiezan a trabajar juntas? Lo que puedan crear o lograr juntos será exponencialmente mayor que lo que cualquiera de ellos pueda hacer por sí solo. Somos simplemente más fuertes en número y, sinceramente, creo que todos tenemos una necesidad innata de estar conectados unos con otros.

Hoy en día, es fácil permanecer desconectado, y cuando las necesidades de la comunidad llaman nuestra atención, racionalizamos que no es nuestro problema. Pero si algo me ha enseñado mi tiempo aquí en KOTM es que una marea creciente levanta todos los barcos. Vemos a estudiantes de medicina caminar por nuestras puertas como voluntarios, luego darse la vuelta y desarrollar sus profesiones como proveedores de atención más empáticos. Vemos a padres agotados obtener el apoyo que necesitan y, como resultado, prosperar en su lugar de trabajo. Vemos a niños con discapacidades, a quienes la sociedad alguna vez habría desechado esencialmente, convertirse en líderes y hacer de sus comunidades y de su mundo un lugar mejor.

Lo mas probable es que te hayas beneficiado directamente de las personas que formaron parte de una organización como KOTM.

Ya sea que anheles tener conexiones, desees crear un impacto mayor o simplemente sientas curiosidad por saber cómo sería expandir un poco tu mundo, conéctate con una comunidad y descubre cómo puedes servir. Y si no estás seguro por dónde empezar, empieza con el grupo de personas con las que crees que no tienes nada en común o a las que temes. Quizás encuentres tu propia versión de KOTM, un lugar donde se necesitan tus dones únicos y enciendas el fuego dentro de ti para ser parte de algo más grande que tú mismo.

Así como Karen y Brenda dijeron que sí hace cuarenta años, y yo dije que sí a unirme a la junta, te desafío a encontrar tu sí. Así que muévete porque nunca sabes quién está esperando tu sí.

CAPÍTULO 2

ENCONTRAR LA ESPERANZA

No estas solo. Y aun cuando sientas que estás solo, siempre habrá alguien que te respaldará y estaremos allí para ayudarte.

—KASADI MOORE, UN MADRE DE KIDS ON THE MOVE

Cuando Grace, la sexta e hija menor de Natasha Eldredge, no pareció alcanzar sus metas al mismo ritmo que sus hermanos y hermanas, Natasha no se preocupó demasiado. Con otros cinco hijos, Natasha era una madre experimentada que sabía muy bien que cada niño es diferente. Pregúntale a cualquier padre y te confirmará que cada niño se desarrollará a su propio ritmo y en sus propios términos.

Con seis hijos, una casa que administrar y un matrimonio en problemas, Natasha, comprensiblemente, estaba un poco preocupada y seguía sin preocuparse por su hija menor, Grace. Los hijos mayores de Natasha seguían insistiendo en que "algo no está bien" y que Grace "no era capaz de hacer cosas como los demás niños". Fue esta indicación la que finalmente llamó la atención de Natasha, y comenzó a preocuparse de que tal vez algo andaba mal con su hija menor. Entonces, programó una cita para que Grace fuera a ver al pediatra.

Después de compartir sus preocupaciones, el médico realizó un examen inicial de autismo. La noticia no fue la que Natasha esperaba: Grace mostraba signos claros de TEA (Trastorno del espectro autista) y luego recibiría un diagnóstico oficial de un psicólogo confirmando las sospechas del pediatra.

El TEA es un trastorno neurológico y del desarrollo que afecta la forma en que las personas interactúan con otras, se comunican, aprenden y se comportan. A menudo, los niños con TEA tienen dificultades para participar en actividades cotidianas normales y para dominar habilidades que son cruciales para el desarrollo.

Para Natasha, la noticia la sacudió. Cuando te das cuenta de que tu hijo no puede desarrollarse de forma independiente, puede hacer que incluso el padre más experimentado se sienta desesperado.

Mientras Natasha conducía a casa desde el consultorio del médico, un millón de preguntas surgieron en su mente: "¿Cómo puedo cuidar de ella? ¿Cómo va a ser ella independiente?" Ella explicó: "Me sentí responsable de que ella no pudiera vivir una vida independiente y que de alguna manera fuera mi culpa. ¿Cómo voy a poder mantenerla económicamente? Porque la realidad es que no siempre voy a estar aquí. ¿Cómo puedo mantenerla a salvo en un mundo que se está volviendo cada vez más inseguro? Era muy aterrador. Era triste. Era terrorífico. Era indignante".

En ese momento, las habilidades y capacidades de Grace eran limitadas. Ella no hablaba, lo cual, como puedes imaginar, fue muy frustrante no solo para la familia sino también para Grace. Sacarla al público fue difícil. Natasha compartió: "Como familia, no podíamos ir al patio de juegos, salir a comer, ver una película, nada. No podíamos ir a una piscina". Todos los recuerdos normales que uno hace con sus hijos cuando son pequeños estaban descartados, y Natasha no sabía si alguna vez serían una opción. A menudo, el único lugar donde Grace estaba contenta era en casa, acurrucada en un rincón con una manta sobre su cabeza: un escudo contra el bombardeo de colores, luces, sonidos y otros estímulos sensoriales que dificultan las cosas para alguien con TEA.

Natasha fue referida a KOTM, donde tendría acceso a una amplia gama de terapias, herramientas y recursos que Grace necesitaría. El equipo de KOTM en el Centro para el Autismo creó un plan personalizado utilizando un enfoque respaldado por la ciencia y adaptado exclusivamente a las habilidades y objetivos de Grace.

Natasha enfatizó: "Recuerda, el autismo está en un espectro y lo que puede ser difícil para un niño es fácil para otro". Nuestro compromiso con una atención excelente significa que no existe un enfoque de tratamiento estándar. Cada terapia o programa se personaliza para el mejor funcionamiento de cada niño, lo que garantiza que los padres, el personal y los seres queridos trabajen para lograr los mismos objetivos. Nuestro objetivo no es marcar una casilla en una lista, sino descubrir y desarrollar lo que cada niño necesita de manera única para prosperar y vivir una vida plena y feliz. A la familia Eldredge se le asignó un analista de comportamiento certificado por la junta "Board Certified Behavior Analyst" (BCBA por su siglas en inglés) para que se encargara del tratamiento de Grace, y se pusieron manos a la obra.

El tratamiento de referencia para las personas con TEA es una forma de terapia llamada análisis conductual aplicado (ACA, por sus siglas en inglés), que incluye la adquisición de habilidades y el apoyo conductual. Como parte de su plan de tratamiento, el programa de Grace incluía terapia en la clínica, servicios a domicilio y capacitación para padres y familias. Por supuesto, qué tan lejos o rápido progresaría Grace dependería de ella, pero Grace y su madre tendrían todos los recursos que necesitaran.

De manera lenta pero segura, Grace comenzó a interactuar con el mundo que la rodeaba mientras aprendía muchas de las habilidades que tu y yo a menudo damos por sentado. Cuando ella comenzó la terapia ACA, no hablaba, pero con paciencia, Grace finalmente encontró su voz. Ellos iban al zoológico, y ella disfrutaría de los animales. Iban al mismo restaurante repetidamente y, finalmente, un día, Grace pidió su propia comida. Fueron a la biblioteca y ella eligió el libro que quería. "La primera vez que estuvo en el patio de juegos, se acercó a los columpios y le preguntó a otro niño: '¿Quieres jugar conmigo? ¿Serás mi amigo?' Ella tenía seis años. Luego, por primera vez, ella dijo: 'Gracias, mamá', y luego 'Te amo, mamá'. Estas cosas que damos por sentado fueron posibles gracias a KOTM y a la gente atenta que tienes aquí", Natasha compartió, radiante de alegría y orgullo.

Sé testigo del viaje extraordinario de Grace: Experimenta cómo el compromiso inquebrantable de KOTM con el amor y la inclusión transformó su vida

chasingtheimpossiblebook.com/chapter2

Pero Grace no fue la única que aprendió y creció a través de este proceso. Es comprensible que los hermanos de Natasha y Grace tuvieran una exposición o comprensión muy limitada del TEA. Eso también estaba cambiando: "A lo largo de este proceso, la cosa más importante que he aprendido y comprendido es que ella no es su diagnóstico. Solo porque existe un área en la que ella podría tener una limitación, puedes encontrar otra manera de abordarla. Escuché el viejo dicho: 'Si la puerta se cierra, pasa por una ventana; si la ventana está cerrada con llave, quizás derriba la puerta con una patada. Si hay un muro, sube, pasa por debajo, camina alrededor, derríbalo'. Grace si tiene este diagnóstico, pero no es ella, no es su identidad. Ella tiene estas limitaciones; siempre hay otra área para desarrollar fortalezas para que esto no tenga que frenarla por completo". Natasha explicó apasionadamente.

Ver a su hijo quien es diagnosticado con autismo trabajar diligentemente para aprender nuevas habilidades y alcanzar esas metas que antes eran difíciles de alcanzar cambia la vida tanto de los padres como del niño. La esperanza que brota al saber que su hijo puede, de hecho, aprender, crecer y prosperar (no solo sobrevivir) enciende una esperanza que alguna vez se apagó. Claro, es posible que necesiten "derribar una puerta" o aprender a navegar por el mundo de manera un poco diferente, pero su hijo PUEDE hacerlo. Con esta comprensión, un mundo de posibilidades que los padres pensaban que estaban cerrados para siempre se abre nuevamente. Natasha continuó: "Gracias a la terapia ACA, las diversas herramientas, la colaboración y los amorosos y maravillosos tutores que han tenido aquí, Grace ha aprendido no solo a comunicarse, sino que el mundo entero se ha abierto. Ella ha podido conectarse".

Grace Anderson

Hoy, Grace es una adolescente en pleno desarrollo. Puede esquiar y remar en tabla de paddle, montarse en las atracciones de parques de diversiones y más. Luego, Natasha explicó: "Está aprendiendo a ser lo más independiente posible y el hecho de que tenga un cableado diferente en su cerebro, digamos un programa de computadora diferente en ejecución, no la limitará a la hora de hacer todo lo que quiera y viviendo una vida muy, muy plena".

Natasha relató una visita a un parque de diversiones local: "Grace estaba nerviosa sobre subir a una de las atracciones y hacía preguntas sobre las restricciones y la seguridad. Finalmente, nos subimos al paseo, gritamos todo el camino y ¡lo pasamos genial! Cuando nos bajamos, ella me miró y dijo: 'Mamá, puedo hacer cosas difíciles'". Natasha compartió: "La llamamos la gracia salvadora de nuestra familia porque es una alegría tenerla a nuestro alrededor. ¡Es fácil estar con ella, llena de amor, muy tolerante y muy divertida!"

Además de su alegría contagiosa, Grace también comparte con su familia la sabiduría de coraje, determinación y paciencia que tanto le costó ganar. Su mantra de "Puedo hacer cosas difíciles" es uno que utiliza también para inspirar a quienes la rodean. Natasha relató: "Unos años después, estábamos de regreso en el parque de diversiones y esta vez fue mi turno de tener miedo. Grace me miró y dijo: 'Mamá, puedes enfrentar tus miedos. Puedes hacer cosas difíciles'".[2]

---

[2] Se solicitaron los testimonios de Natasha y Grace y se obtuvo su consentimiento informado. Grace estuvo inscrita en el Centro para el Autismo de Kids on the Move de 2013 a 2018.

ENTENDIENDO EL TEA Y ACA (TEA: TRASTORNO DEL ESECTRO AUTISTA, ACA: ANÁLISIS CONDUCTUAL APLICADO)

La necesidad de acceso a terapias y recursos para personas con TEA o que presentan signos aumenta cada año.[3] A medida que los científicos realizan más investigaciones y nosotros, como sociedad, hemos aprendido cómo reconocer y detectar el TEA, los padres y las comunidades se están convirtiéndose más conscientes de los niños que necesitan tratamiento. Como resultado, en KOTM hemos visto un aumento año tras año en la necesidad de exámenes de detección y terapia ACA.

Ella Jespersen, nuestra directora del Centro para el Autismo, comparte: "Algunos de los signos reveladores del TEA son diversos grados de dificultad en la interacción social, retraso en la comunicación verbal y no verbal y la presencia de comportamientos repetitivos y/o intereses restringidos. Es importante comprender que no hay dos personas con un diagnóstico de TEA iguales y, por lo tanto, la forma en que se manifiesta el trastorno y su impacto en las familias es increíblemente única. Debido a la naturaleza del trastorno, es posible que las personas con TEA a menudo no alcancen la capacidad de funcionar de forma independiente sin el tratamiento adecuado y médicamente necesario".

En KOTM, todas las terapias e intervenciones que utilizamos para tratar el TEA se encuentran bajo el amparo del ACA. La terapia ACA se ha utilizado para tratar el autismo desde los años 1960. Está

---

[3] Centros para el Control y la Prevención de Enfermedades, "Key findings from the ADDM network | Autism | NCBDDD", CDC, 23 de marzo de 2023, consultado el 22 de septiembre de 2023, https://www.cdc.gov/ncbddd/autism/addm-community-report/key-findings.html.

reconocido como un tratamiento efectivo para el TEA por el Cirujano General de EE. UU., la Academia Estadounidense de Pediatría y el Instituto Nacional de Salud. Mientras conoces la historia de Grace, todos los servicios ACA en KOTM están individualizados para cada cliente y desarrollados y supervisados por un BCBA (Analista Certificado en Conducta Aplicada por la Junta).

Debido a este enfoque personalizado, la terapia ACA puede verse diferente dependiendo del alumno. A menudo implica mucho juego y centrarse en aumentar las habilidades lingüísticas. También puede incluir trabajar en una mesa, usar tableros de fichas y ganar recompensas. Para algunos niños, puede parecer algo como practicar habilidades de la vida diaria, como preparar una comida, usar un tenedor, aprender a ir al baño o contribuir en el hogar haciendo tareas domésticas o siguiendo una rutina. Nuestros tratamientos son individualizados para cada niño en función de sus fortalezas y desafíos únicos.

REVELANDO MITOS SOBRE EL TEA

Uno de los componentes más críticos de nuestro trabajo en el Centro para el Autismo es asociarnos con los padres para asegurar que tengan una imagen completa y con base científica del diagnóstico y plan de tratamiento de sus hijos. Mientras hemos recorrido un largo camino, a menudo aún persisten mitos y estigmas en torno al TEA. Los guiamos para que comprendan mejor que el autismo se encuentra en un espectro y que cada niño llega con o sin ciertas habilidades en las que deben trabajar.

La terapia ACA funciona para aumentar los comportamientos útiles y disminuir los comportamientos que son dañinos o que afectan el aprendizaje. La terapia ACA puede aumentar las habilidades a través de muchos dominios, como el lenguaje, la comunicación, la atención, las habilidades sociales y las habilidades de la vida diaria, así como disminuir las conductas problemáticas.

Nos encanta celebrar con estas familias cada paso del camino a medida que sus hijos, de forma lenta y segura, con trabajo duro y determinación, desarrollan habilidades. Desde la primera vez que escuchan a su hijo que antes no hablaba, llamarlos "mamá" o "papá" o tal vez, como Grace, que aprenden a disfrutar de actividades fuera del hogar con sus amigos y familiares, en esos momentos se restablece la esperanza. Mientras que el proceso y el cronograma son diferentes a los de un niño con desarrollo típico, las familias comprenden que su hijo *puede* aprender. Vale la pena celebrar cada meta, sin importar cuán grande o pequeña sea.

Mientras que el ACA es una ciencia y no un "milagro", creemos que brinda a cada niño la mejor oportunidad de alcanzar su máximo potencial, cualquiera que sea. Al enfocarnos en los aspectos realistas del proceso terapéutico, podemos fomentar una comprensión más saludable del proceso y ayudar mejor a las familias a establecer objetivos alcanzables.

A menudo es necesario educar a las familias sobre los aspectos realistas de la jornada terapéutica. La terapia ACA brinda a cada niño la mejor oportunidad de alcanzar su máximo potencial, cualquiera que sea, pero no es un "milagro". Desafortunadamente, algunos padres tienen expectativas no realistas sobre los resultados, a menudo alimentadas por historias de "milagros" que han encontrado en libros o en línea. Así como cada plan de tratamiento es individualizado para cada niño, el progreso también es muy individualizado. En KOTM animamos a cada familia a enfocarse en el progreso individual de sus hijos sin compararlos con los demás. Mientras un niño puede aprender varias habilidades nuevas a la vez, a otro niño le pueden llevar meses de práctica y trabajo duro aprender a hacer la señas de su primera palabra "más". Celebramos cada objetivo individualmente y honramos el arduo trabajo de nuestros clientes para alcanzar sus propios objetivos individualizados.

Mientras que estamos encantados de compartir la historia de Grace y la vida plena que vive ahora, el objetivo de la terapia ACA no es cambiar a un individuo por las preferencias o conveniencia de sus padres o de cualquier otra persona. El autismo no es "malo" ni algo que deba "arreglarse".

La terapia ACA solo debe utilizarse para remediar los déficits del autismo que tienen un impacto negativo en un individuo (por ejemplo, se dan golpes peligrosos en la cabeza cuando están molestos porque les dicen "no") y para mejorar la vida cotidiana del niño. No debe utilizarse para educar a un niño para que no adopte conductas que otros puedan percibir como diferentes pero que, por lo demás, no sean dañinas. Por ejemplo, no enseñaríamos a un niño a no "aletear sus brazos" porque avergonzaría a los padres, ya que el niño puede encontrar un gran alivio y afrontar la situación mediante el aleteo de los brazos. Hay características del autismo que podrían hacer que alguien sea más único y maravilloso que un compañero con un desarrollo típico, y en KOTM celebramos la personalidad única de cada niño.

Otro mito al que nos enfrentamos habitualmente es la creencia de que un diagnóstico de TEA limitará a un niño en el futuro. Como padre, lo entiendo. Personalmente, no hay nada que pueda impedirme hacer todo lo posible para asegurar que mi hijo tenga las mismas oportunidades que sus compañeros. Los padres están programados para luchar por sus hijos.

Además, recuerda que nuestro país, los Estados Unidos, no tiene el mejor historial en materia de garantizar la igualdad de derechos para las personas con discapacidad. No fue hasta 1975 cuando lo que ahora se conoce como la Ley de Educación para Individuos con Discapacidades (IDEA, por sus siglas en inglés) exigió una educación pública gratuita y apropiada en el entorno menos restrictivo para los niños con discapacidades.[4] A pesar de eso, poco más de diez años después, nuestra fundadora, Karen Hahne, *todavía* tenía que luchar día y noche para asegurar que su hijo Reed tuviera acceso a un salón de clases típico en la escuela.

Entre los precedentes históricos, la desinformación heredada y un mar de "consejos" en el Internet, los padres a menudo se enfrentan a un bombardeo de mitos. Así que, no es de extrañar que muchos padres estén preocupados de que un diagnóstico como TEA, TDAH(Trastorno por Déficit de Atención con Hiperactividad). U otros impida que sus hijos accedan a una educación típica y limiten sus opciones profesionales en el futuro. Al educar amablemente no solo a cada niño sino a cada familia, podemos acabar con estos mitos, empoderar a sus hijos y aprender a celebrar los éxitos aparentemente pequeños como los logros extraordinarios que realmente son. Empoderar a los niños con TEA con las habilidades necesarias para navegar por el mundo requiere dedicación y un sin fin de trabajo arduo, pero sabemos que pueden hacerlo.

UN MOMENTO DE KOTM
Kellie Hunsaker, Directora de Clínica y BCBA

Cuando comencé mi carrera, quería ayudar a los niños a comunicarse. Siento que hay una gran falta de énfasis en la comunicación de los niños. Iba a ser Patóloga del Habla y Lenguaje cuando me di cuenta de que quería ayudar a que la vida de los niños mejorara a un nivel superior y que el trabajo de un BCBA (siglas en español) encajaba mejor. Quiero ayudar en todos los sentidos: comunicación, habilidades de la vida diaria y más.

---

[4] Oficina de Programas de Educación Especial de EE. UU., "History of the IDEA", www.ed.gov, Oficina de Programas de Educación Especial de EE. UU., archivado, consultado el 18 de septiembre de 2023, https://sites.ed.gov/idea/files/idea-history.pdf.

Mi pasión proviene de ver las pequeñitas mejoras que hacen los niños. La primera persona con la que trabajé en KOTM fue una niña pequeña que no podía hablar ni caminar ni usar las manos ni nada. Fue realmente sorprendente poder darle la oportunidad de conectarse con la ayuda de un dispositivo de comunicación. Aunque esa mejora fue tan pequeña y mínima, finalmente pudo dirigirse a su madre. Y por primera vez, su mamá pudo ver: "Oh, ella sabe quién soy". Podemos realizar estas pequeñas mejoras en la vida de los niños que tendrán mayores resultados de los que los padres pensaron que sus hijos jamás tendrían.

El progreso con los niños con autismo es muy lento. A menudo, las personas se impacientan y se frustran porque las mejoras no se producen con la suficiente rapidez. Es una barrera enorme que superamos todo el tiempo y tenemos que ofrecerle mucho aliento, por ejemplo: "Sé que tu hijo aún no habla, pero señaló. Eso es genial".

Tenemos que trabajar con los padres y establecer la expectativa de que este progreso es lento y que llevará tiempo ver el cambio que esperan. El hecho de que el comportamiento de un niño no se solucione de la noche a la mañana o incluso en un año no significa que no todos hayan trabajado muy duro para intentar cambiarlo. Hay niños en nuestro Centro para el Autismo que han estado aquí durante ocho años y todavía están trabajando en sus habilidades. ¡Y eso está bien! Estas cosas toman tiempo.

Para los padres allá afuera que enfrentan un diagnóstico de autismo, quiero que sepan que hay muchas personas que los ayudarán. Una vez que encuentres a esas personas, te van a ayudar a dirigir tu barco, y una vez que tengamos las cosas resueltas, tu barco navegará tranquilamente desde allí.

LA INTERVENCIÓN TEMPRANA ES IMPORTANTE

Durante los primeros siete años de vida, la mente de un niño es una esponja enorme y esencialmente están desarrollando habilidades una encima de otra. Por ejemplo, las habilidades que un bebé domina cuando aprende a gatear se utilizan cuando aprende a jugar t-ball (béisbol infantil). Cuando un niño tiene TEA, generalmente significa que han omitido una habilidad y, a través de la terapia ACA, necesita retroceder y desarrollar esa habilidad. Cuanto más pequeño es un niño cuando regresa y aprende estas habilidades, más fácil le resulta y cuanto mas permanente se vuelve la habilidad. Por eso es tan importante que un niño tenga acceso a intervención temprana y terapia durante los primeros tres años de vida. Desafortunadamente, existen varias barreras que a menudo impiden que muchas familias se inscriban en un programa de intervención temprana.

Los niños con TEA suelen comenzar a mostrar signos entre los dieciocho meses y los dos años de edad. A veces, una regresión de habilidad es una señal; por ejemplo, estaban hablando y ahora no. Otras veces, es un comportamiento social, como no mirar a alguien a los ojos. La mayoría de las veces, estos signos pueden ser muy sutiles. Entonces, cuando eres parte de una familia ocupada como la de Grace, y dado que cada niño se desarrolla de manera diferente, es fácil para un cuidador demorar la evaluación de su hijo. Un niño que anteriormente participó en nuestro programa, Varrick, se negaba a mirar a su padre a los ojos, desde que era pequeño. Su padre asumió que era simplemente porque era un bebé y, como muchos niños cuando son pequeños, estaba más apegado a su madre.[5]

Explora el viaje de la familia Moore: Descubre cómo el apoyo comunitario y la esperanza inquebrantable les ayudan a aceptar la vida con autismo.

chasingtheimpossiblebook.com/chapter2

Otro retraso en la intervención temprana es un diagnóstico oficial, que solo pueden realizar médicos capacitados para tratar el TEA; incluidos psiquiatras infantiles, neurólogos pediátricos o pediatras del desarrollo, así como especialistas capacitados que no son médicos, como psicólogos infantiles. Sin este diagnóstico, los seguros privados normalmente no cubren los servicios. La lista de espera para acudir a un psicólogo en el estado de Utah suele ser de entre nueve y doce meses. Esto significa que incluso si un niño comienza a mostrar signos a los dieciocho meses y los cuidadores lo detectan de inmediato, ese niño aún puede perder esa ventana crítica de intervención temprana porque está esperando un diagnóstico oficial.

Pero la espera no termina ahí. Una vez que se ha identificado que un niño tiene TEA y se le ha diagnosticado oficialmente, suele haber otra lista de espera para un BCBA (siglas en español). Estos profesionales altamente capacitados y acreditados son clave para una terapia ACA efectiva. Pueden completar de manera efectiva una evaluación con un plan de tratamiento recomendado para determinar cuántas habilidades debe tener un niño y luego trabajar para desarrollar las habilidades que faltan. Además, debes trabajar con un BCBA si deseas que un seguro cubra el costo del tratamiento. Un BCBA solo puede razonablemente atender los casos de entre doce y catorce clientes, y hay menos de seiscientos de estos profesionales en todo el estado de Utah y menos de cincuenta y dos mil en los Estados Unidos.[5]

Para darle una idea de la gran necesidad de estos servicios, actualmente, nuestro Centro para el Autismo atiende a unos 165 niños al año, que es nuestra capacidad actual. Pero si atendiéramos a *todos* los que nos llaman o se comunican con nosotros y necesitan terapia para su hijo con TEA, ¡equivaldría a más de 400 niños cada año! Solo en el estado de Utah, 1 de cada 27 niños de ocho años y 1 de cada 85 niñas de ocho años tienen autismo.[6] Además, la necesidad aquí en Utah es mayor ya que Utah también tiene una de las tasas de natalidad más altas de los Estados Unidos. En 2021, la tasa de natalidad en Utah era de 14,0 por cada 1.000 residentes; esto es más alto que el de cualquier otro estado, así como el promedio nacional de 11,0 nacimientos por cada 1.000 personas.[7]

Dada cada uno de estos obstáculos, muchas familias fácilmente pueden perderse un año, o posiblemente incluso dos, de servicios de intervención temprana debido a causas que no son culpa suya. En KOTM, sabemos que aprovechar estos años "esponja" es fundamental para desarrollar esas habilidades iniciales. Ahora estamos en las etapas iniciales de explorar formas en que podemos eliminar estos tiempos de

---

5   Se solicitaron los testimonios de Kasadi y Varrick y se obtuvo su consentimiento informado. Varrick estuvo inscrito en el Centro para el Autismo de Kids on the Move de 2017 a 2021. Behavior Analyst Certification Board, "Region-specific certificant data," BCBA, consultado el 21 de septiembre de 2023, https://www.bacb.com/services/o.php?page=101134.

6   Matthew J. Maenner, "Prevalence and characteristics of autism spectrum disorder among children aged 8 years—autism and developmental disabilities monitoring network, 11 sites, United States, 2020 | MMWR," CDC, 24 de marzo de 2023, consultado el 21 de septiembre de 2023, https://www.cdc.gov/mmwr/volumes/72/ss/ss7202a1.htm?s_cid=ss7202a1_w.

7   Maja Josifovska, "What is the average size of an American family: statistics & facts," TestHut.com, 16 de mayo de 2023, consultado el 22 de febrero de 2024, https://www.testhut.com/average-size-of-an-american-family-statistics/.

espera y ampliar nuestra capacidad para atender a más familias. Desde trabajar para tener un psicólogo en el lugar que pueda brindar un diagnóstico necesario hasta ofrecer tutoría y desarrollar a los estudiantes de maestría que buscan su certificación BCBA, estamos examinando todas las posibilidades sabiendo que estos niños no pueden esperar.

EL ALTO COSTO DE LA ESPERANZA

En 1998, Cheryl era una madre ocupada de tres niños felices y saludables. Como la mayoría de las madres en la década de 1990, el TEA no estaba en su radar. Pero luego notó algo diferente en su hijo menor, David. Cheryl explicó: "Tenía pocas palabras en su habla y las dejó de pronunciar. Y pensé que eso era un poco extraño. Y luego, él comenzó a tener algunos comportamientos extraños cuando tenía aproximadamente dieciocho meses, corriendo por el pasillo con la mirada hacia los lados y luego golpeando la pared repetidamente". Cheryl se puso en contacto con su médico de familia y David finalmente fue referido a un terapeuta del habla. Todos creían que él eventualmente se pondría al día y el caso se cerraría.

Cuando David tenía tres años, la familia se mudó a un pueblo vecino y, con ese traslado, empezaron a trabajar con un nuevo terapeuta del habla. Después de su primera sesión juntos, el terapeuta del habla le pidió a Cheryl que completara un cuestionario. Tanto la madre como el terapeuta pudieron identificar la verdadera fuente de las dificultades del habla de David, y poco después le diagnosticaron TEA.

En aquella época se sabía muy poco sobre el autismo. En el año 2000, solo el 51 por ciento de la población poseía una computadora en casa, y todavía estábamos a algunos años de la aparición de los teléfonos inteligentes.⁸ Así que, abrir un navegador de búsqueda y escribir los síntomas de su hijo no era una práctica común como lo es hoy. Como mucha gente en ese momento, la única referencia de Cheryl sobre el TEA fue el personaje de Dustin Hoffman en la película *Rain Man*. No puedo imaginar lo aislada y perdida que ella se sintió.

El médico de David fue de gran ayuda para ayudar a Cheryl a encontrar recursos y libros para leer, pero el apoyo era limitado. David continuó con la terapia del habla y también se matriculó en terapia ocupacional. Aún así, pasaría otro año completo antes de que pudieran salir de la lista de espera y comenzar la terapia ACA en un programa local. Sin embargo, cuando David estaba en la escuela primaria, la clase de educación especial no se centraba en el TEA que David necesitaba. Así que Cheryl decidió enviarlo a la escuela la primera mitad del día, y la segunda mitad del día un terapeuta privado iría a su casa y haría terapia ACA con David.

Cheryl y su esposo tuvieron toda la responsabilidad de pagar cada terapeuta, cada programa y cada sesión. Cheryl compartió: "Todo salió de nuestro bolsillo. Probablemente terminó costándonos 40.000 dólares durante solamente, no sé, un par de años. Simplemente nos dejó sin dinero". Con el tiempo, Cheryl y su esposo agotaron sus ahorros y todos los fondos de jubilación para cubrir el alto costo del tratamiento de David.

Si bien el año 2000 puede no parecer tan lejano para algunos de nosotros, fue una época en la que los seguros privados cubrían menos para el tratamiento del TEA que ahora. Facturar al seguro simplemente no era una opción. Hace unos años, pusimos a prueba un programa de exención de autismo de Medicaid en un intento de trabajar con la

---

8   The New York Times, "Report counts computers in majority of U.S. homes," (The New York Times, 7 de septiembre de 2001, consultado el 22 de septiembre de 2023, https://www.nytimes.com/2001/09/07/us/report-counts-computers-in-majority-of-us-homes.html.

legislatura para conseguir que un seguro privado comenzara a cubrir el tratamiento. Nuestra legislatura local había estado escuchando a nuestra comunidad, incluyendo al equipo de KOTM, los padres y otras organizaciones, mientras abogábamos por la cobertura del costo de este tratamiento. Si los seguros privados no iban a hacerlo voluntariamente, necesitábamos que nuestros representantes intervinieran.

En respuesta, el gobierno ofreció una exención de Medicaid como programa piloto. Nuestro objetivo era trabajar con las legislaturas para recopilar los datos y la información necesarios para que Medicaid cubriera el tratamiento para que luego pudieran convertirlo en un formato que pudiera ser utilizado con los seguros privados. Esencialmente, haciendo el trabajo preliminar de proporcionar el marco de trabajo para la facturación a los seguros privados, las aseguradoras privadas no podían utilizar la falta de un marco de trabajo como excusa para no cubrir el tratamiento. Esto, a su vez, evitaría que las aseguradoras privadas rechacen tratamientos costosos y los archiven como innecesarios.

El gobierno asignó alrededor de medio millón de dólares para el programa piloto. Delinearon ciertos requisitos para seguir el progreso de un niño, como el trabajo realizado en una sesión y los beneficios que estaban experimentando. El programa fue inmensamente exitoso. Gracias a KOTM y los otros programas que participaron en el piloto de exención, la legislatura pudo utilizar los datos recopilados de ese programa para tomar decisiones acertadas y realmente abogar para que los seguros privados cubran los costos.

Hoy en día, la facturación del seguro privado normalmente cubre una parte de la terapia necesaria de un niño. Aún así, para muchos padres, los costos en el precio de la terapia, los salarios perdidos debido al tiempo fuera del trabajo y los altos deducibles del seguro, son una barrera para que sus hijos reciban la terapia que necesitan.

Aquí en KOTM, ofrecemos asistencia de donantes, planes de pago y mandamos facturas al seguro para ayudar a mantener bajos los gastos corrientes de las familias, pero no nos detenemos allí. Seguimos siendo defensores de la reducción de costos siempre que sea posible.

UN MOMENTO DE KOTM
Courtney Mitchell, Subdirectora de Clínica y BCBA

No comencé mi primer trabajo con niños con autismo sabiendo que me apasionaría tanto. Estaba en mi licenciatura y, para ser honesta, mi especialidad era psicología y solo quería hacer algo en el campo de la salud mental. Pero trabajando con estos niños y viendo el progreso que podrían lograr y la esperanza y la alegría que traía a las familias cuando había progreso realmente me hace sentir que estoy marcando una diferencia. Me produce tanta alegría al igual que como a los niños cuando progresan.

En primer lugar, siempre quiero asegurarme de que los niños se sientan seguros y respetados. Con ACA, sí, nos centramos en el cambio de comportamiento, pero yo solo quiero cambiar algo que sea socialmente significativo y no solo cambiar a alguien para que encaje con lo que dice la sociedad. Quiero ayudar a los niños a ser la mejor versión de sí mismos que puedan ser. Por eso me aseguro de que su personalidad individual y lo que es importante para ellos se quede con ellos y se mantenga fiel a ellos.

Es importante que escuchemos el consentimiento del niño. Así que, si no están de acuerdo con algo que estamos haciendo, paramos y volvemos a evaluar. Nos aseguramos de ayudar a los niños a progresar de la manera que ellos quieren progresar, en lugar de cómo solo un padre, un médico o la sociedad dice que deberían progresar.

> Estoy increíblemente orgullosa de poder trabajar con tantos niños diferentes quienes ya no necesitan servicios y pueden ser independientes. Nuestro objetivo siempre es ayudar a los niños para que ya no necesiten nuestros servicios. Entonces, cuando un niño puede graduarse o tener éxito sin nuestra ayuda, ese es el objetivo final.

ENCONTRAR LA ESPERANZA EN LAS PEQUEÑAS VICTORIAS

Obtener un diagnóstico de TEA para un niño puede proporcionar a los padres con un plan para ayudar a su hijo, pero a menudo no alivia el impacto y la culpa que con demasiada frecuencia atraviesan. Los padres a menudo se preguntan si el diagnóstico de su hijo se debió a algo que ellos hicieron o si de alguna manera es culpa suya. A diario vemos padres que se castigan a sí mismos por no notar las señales antes y conseguir ayuda para sus hijos más rápidamente. Y toda esta culpa se combina con el dolor que surge cuando el futuro que alguna vez imaginó para su familia y la de su hijo se altera para siempre.

Pero algo verdaderamente mágico sucede cuando una familia comienza a ver a su hijo alcanzar una meta. Tal vez sea la primera vez que una madre escucha la voz de su hijo gritar "mamá" o decir "te amo". O podría ser el momento en que comen fácilmente un alimento con una textura que normalmente no les gusta. En ese momento, el milagro no es necesariamente el logro de la meta, sino más bien el momento en que la esperanza vuelve a entrar en escena. Esa sensación de paz que nace al saber que tu hijo estará bien comienza a crecer dentro de un padre una vez más.

Finalmente pueden ver una luz al final del túnel porque, aunque podría ser lento, el crecimiento es posible y el aprendizaje es posible.

Se restaura un mundo de posibilidades porque saben que su hijo encontrará su propia manera única de navegar por el mundo con coraje y curiosidad. Cada familia que navega el TEA merece esta esperanza que da vida.

TU ACCIÓN
El subestimado poder de la bondad

Hay una gran demanda en nuestra comunidad de más servicios. Desde obtener un diagnóstico hasta encontrar un BCBA certificado con disponibilidad en su agenda de trabajo, asistencia para cubrir el alto costo del tratamiento y más, la necesidad es mayor que nunca, pero nos negamos a creer que satisfacer estas necesidades sea imposible. Aquí en KOTM, parte del plan para la expansión de nuestro edificio es una instalación de vanguardia y un centro de excelencia que pueda satisfacer estas necesidades y hacerlo bajo un mismo techo, sobre lo cual compartiré más en otro capítulo mas adelante. Si puedes, por supuesto, agradeceremos cualquier cantidad de apoyo financiero que nos permita llevar la esperanza a más familias.

Pero también hay una necesidad mayor que cada uno de nosotros podemos trabajar para satisfacer, y es la necesidad de mayor distinción, más comprensión, más bondad y más paciencia para las familias y los niños con TEA. Los niños con TEA procesan el mundo de manera diferente a una persona típica. Por lo tanto, un ruido fuerte que pueda ser una pequeña molestia para usted o para mí podría resultar completamente abrumador para una persona con TEA. Una reunión social alegre, como una comida al aire libre familiar, puede ser divertida para todos los demás, pero puede significar varias horas de ansiedad abrumadora que un niño con TEA tenga que encontrar una manera de navegar.

La madre de Grace, Natasha, lo dijo muy bien: "No te apresures a juzgar. Si ves a mi hija con una manta sobre la cabeza o está tirada en el suelo y gritando, no diga automáticamente: 'Oh, su hija es una malcriada o usted es un mal padre'. Comprende que este niño puede estar teniendo muchos de estos problemas de sobrecarga sensorial y que los padres están haciendo lo mejor que pueden". Si ves que un niño sufre una crisis, se muestra combativo con sus padres o se niega a participar, elige la bondad antes de llegar a una conclusión. Tengan paciencia con estos niños y sus cuidadores, quienes están haciendo todo lo posible para guiarlos por un mundo que, en ese momento, no tiene sentido.

La bondad es una acción que todos podemos tomar.

CAPÍTULO 3

CUIDADO

Honestamente, ver a estos niños interactuar con personas diferentes a ellos y permanecer imperturbables vale la pena. Creo que mis hijos ven el mundo de manera diferente gracias a su experiencia en Kids on the Move. Si ellos vivieran en nuestro vecindario y en nuestra área específica, probablemente no tendrían la misma exposición. Sinceramente creo que enfrentan el mundo de una manera diferente y más bella porque ven y aprecian las diferencias. Y no lo sé, no es la única solución para todos los problemas de nuestras comunidades, pero creo que es una solución.

—DEVIN PATTEN, PADRE DE NIÑOS EN PREESCOLAR Y GUARDERÍA

Una mañana nevada de diciembre de 2018, un milagro vino al mundo. Después de un parto agotador de treinta y seis horas ayudado con fórceps, Kohen Killen hizo su aparición. Solo tenía treinta y seis semanas, pero con 6 libras y 21 pulgadas, ya se podía decir que él era un luchador. Sus padres, Emilie y Johnny, estaban encantados y en esos primeros momentos como familia de tres, todo parecía estar bien en el mundo. Desafortunadamente, este momento de perfección no duraría.

Mientras estaban acurrucados juntos, al tiempo que los médicos y enfermeras realizaban sus controles de rutina, pronto quedó claro que algo andaba mal con el pequeño Kohen. Los médicos rápidamente se llevaron a Kohen para ponerlo en observación. Pocos días después, mientras Emilie fue dada de alta del hospital, Kohen ingresó en la UCIN. Desde episodios en los que dejaba de respirar repentinamente hasta eventualmente descubrir una hemorragia cerebral, Kohen permaneció en la UCIN durante veintiún días mientras los médicos brindaban apoyo a su pequeño cuerpo. Al recordar esos veintiún días de espera, expectativa y observación, Emilie compartió: "Cada día es un tormento; un día das un paso adelante y al día siguiente se siente como diez pasos atrás".

Durante la estadía de Kohen en la UCIN, Emilie y Johnny tuvieron que pasar de ser padres primerizos a expertos de la noche a la mañana en neurocirugía, hematología y más mientras intentaban mantenerse al día con un especialista tras otro quienes intentaban identificar la fuente de la condición de Kohen. Emilie explicó: "Tuvimos que considerar, ¿Es esto algo viral? ¿Será esto algo inducido por una convulsión? Le daban convulsiones cada dos o tres días, para luego llamar a toda una flota de médicos y reeducarte acerca de todo".

Cuando Emilie y Johnny finalmente tuvieron la oportunidad de traer a Kohen a casa, fue sin un diagnóstico claro ni un camino definido a seguir. Pero fueron dados de alta con una lista completa de referencias, incluida una para KOTM. Unos días más tarde, un miembro del equipo de KOTM le contactó con información sobre sus servicios de intervención temprana, pero en ese momento, la pareja abrumada no estaba segura de lo que necesitaban o si Kohen siquiera se adaptaría en alguno de los programas.

Finalmente, la familia Killen recibió un diagnóstico de Kohen, hidrocefalia congénita. El exceso de líquido en su cerebro no drenaba adecuadamente, causando crecimiento en los ventrículos y creando una presión inmensa. Los médicos actuaron rápidamente para colocar una derivación en el pequeño cuerpo de Kohen de tres meses.

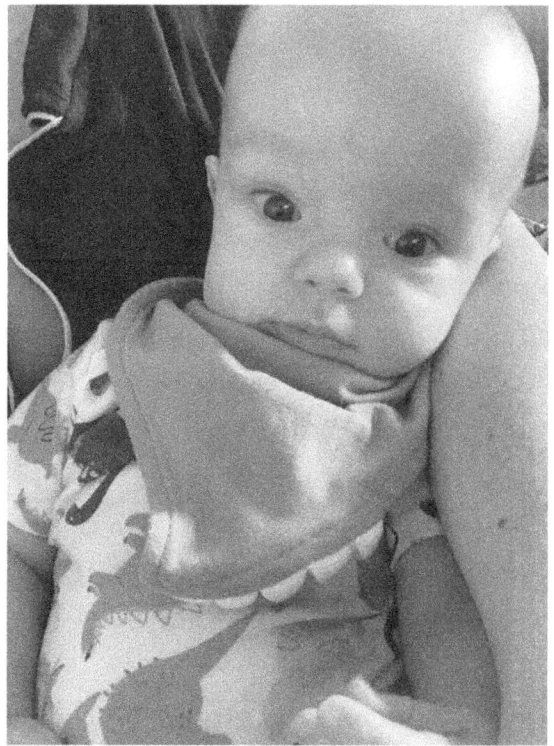

Kohen Killen

Después de la cirugía, Emilie y Johnny vieron una diferencia de la noche a la mañana en su pequeño milagro. De repente se convirtió en un bebé increíblemente contento y feliz que ya no necesitaba analgésicos. La tranquilidad de su comportamiento y el alivio de que estuviera estable permitieron a la familia Killen adaptarse a su dulce versión de la normalidad. También les permitió ver que Kohen, comprensiblemente, estaba atrasado en sus metas. Fue entonces cuando supieron que podían recurrir a KOTM en busca de apoyo para llevar a Kohen a donde necesitaba estar en el nivel de desarrollo adecuado.

Casi de inmediato, los nuevos padres pudieron notar una gran diferencia entre los proveedores con los que habían estado trabajando en comparación con el equipo de KOTM. Los equipos de atención de los hospitales y consultorios médicos a menudo hablaban *con* la pareja, explicó Emilie: "Es como si escucharas palabras de moda como 'fisioterapia', 'Terapia ocupacional', 'posible autismo'. Pero realmente no sabes lo que significan". Y en medio de enfrentar una emergencia tras otra, estas palabras no tuvieron tanto peso en esos primeros meses antes de que Kohen le colocaran su desviación.

Pero trabajar con el personal de KOTM fue una discusión colaborativa y la pareja sintió por primera vez que alguien se estaba tomando el tiempo para educarlos sobre lo que estaba sucediendo con su hijo y empoderarlos para tomar una decisión informada. La pareja pudo comprender el propósito de la intervención temprana y los posibles resultados. Emilie continuó: "Algunos niños reciben intervención temprana y continúan y están totalmente bien. Algunos niños realizan intervención temprana y es exactamente lo que necesitan. Algunos niños reciben intervención temprana y luego podemos centrarnos específicamente en lo que necesitan para ayudarlos a desarrollarse de la manera adecuada".

Los Killen también vieron que el equipo de KOTM estaba dispuesto a tomar la experiencia de Emilie y Johnny como padres de Kohen e intergrarla con su experiencia como profesionales médicos para crear un plan que fuera exactamente lo que Kohen necesitaba. Este enfoque inmediatamente rompió sus barreras. Mientras inicialmente sintieron que la intervención temprana era una caja en la que estaban colocando a su hijo o un castigo para ellos porque como padres no estaban haciendo lo suficiente, llegaron a ver que nadie los estaba señalando con el dedo y que, en cambio, tenían un colaborador en KOTM.

Como padre primerizo, nunca estás completamente seguro de cuándo se supone que tu hijo alcanzará las metas, pero los Killen también intentaban tener en cuenta las experiencias de Kohen: estancia prolongada en la UCIN, convulsiones y cirugía. Pero con el apoyo del equipo KOTM, podían estar seguros de que Kohen eventualmente llegaría a donde necesitaba estar a su propio ritmo. Sí, Kohen tardó en alcanzar todas sus metas: tardó en gatear, no caminó hasta después de cumplir dos años y tuvo problemas para tragar la comida, pero para Emilie y Johnny, fue fundamental contar con el respaldo de su equipo de intervención temprana para recibir aliento y orientación. Kohen se unió al programa de Intervención Temprana cuando tenía cuatro meses y permaneció como parte del programa hasta los tres años y fue transferido al distrito escolar para su cuidado.

Poco después de su traslado, los cambios en la dinámica familiar obligaron a Emilie a volver a trabajar. Ella había estado cuidando a Kohen a tiempo completo desde su nacimiento, con solo la ayuda ocasional de miembros de la familia. Encontrar una guardería es un proceso emocional para cualquier padre, especialmente cuando eres su único cuidador, pero puede ser aterrador cuando se añaden las necesidades especiales de tu hijo. El criterio de búsqueda de una guardería de los Killen consistió en lo que todo padre busca: un lugar feliz, brillante y alegre con personal atractivo y una pequeña proporción de niños por adultos. Desafortunadamente, como muchos padres descubren, esos lugares son difíciles de encontrar y aún más difíciles ingresar.

Ante una situación aterradora, no sabían qué hacer; no podían simplemente poner a Kohen en una guardería normal. Claro, Kohen se estaba volviendo cada vez más capaz cada día, pero con retrasos en el habla, una derivación y otros factores, todavía tenía necesidades especiales. Johnny describió: "Aquí hay dos padres que tienen que volver a trabajar y dejar a su hijo que aún todavía no puede hablar, no puede en realidad caminar y necesita ayuda para comer".

Emilie añadió: "Tenemos que confiarle a alguien nuestro hijo único y su situación única, y ¿quién podría hacerlo?"

Había demasiado en juego para colocarlo en una guardería y esperar lo mejor.

Después de conducir todo el día, viendo más de veinte guarderías, la pareja se dio cuenta de que estaban cerca del campus de KOTM. Habían recibido todos los servicios de terapia de KOTM en su casa, por lo que nunca habían visto antes las instalaciones. En ese momento, Johnny recordó que KOTM tenía un programa de cuidado infantil y sugirió que pasaran para conocerlo.

Emilie se sintió insegura; estaba agotada después de un día largo y emocionalmente agotador, y lo último que quería ver era otra guardería que la decepcionara. Johnny insistió en que lo revisaran y entraron al estacionamiento. Emilie compartió: "Entramos a KOTM y no había hablado con nadie, pero de repente me sentí como en casa". Decidieron ahí mismo inscribir a Kohen en el cuidado infantil. El proceso de solicitud e inscripción fue sencillo y, al día siguiente, recibieron una llamada informándoles que habían aceptado a Kohen.

El nuevo horario y rutina fue un ajuste para toda la familia. Al principio, como les ocurre a muchos niños pequeños, Kohen se molestó cuando Emilie lo dejaba de camino al trabajo. Los maestros continuaron asegurándoles a Emilie y Johnny que estaban cuidando muy bien a Kohen y que todo estaría bien. Emilie sonrió: "Simplemente nos dieron la tranquilidad para seguir trayéndolo y la confianza de que todo saldrá bien. Siempre es desgarrador dejar a tu hijo, pero hay paz cuando es simplemente porque lo vas a extrañar y no porque tienes miedo de que no se satisfagan sus necesidades". A los pocos días, Kohen se sentía como en casa y pasaba su tiempo en el centro de cuidado infantil KOTM riendo, jugando y aprendiendo junto a sus nuevos amigos.

Kohen estuvo inscrito en la cuidado infantil KOTM desde abril hasta diciembre de ese año. Desafortunadamente, una vez más, una mañana de diciembre, las cosas empeoraron y Johnny y Emilie quedaron nuevamente a merced de los médicos una vez más para salvar a su hijo. Diagnosticado con neumonía, dulce Kohen estaba increíblemente enfermo y los médicos lo ingresaron en el hospital. Mientras luchaba por su vida, su familia KOTM no se olvidó de Kohen. Los maestros y sus amigos en la guardería enviaban constantemente mensajes, canciones y manualidades para hacerle saber a Kohen que lo estaban animando. Dentro de poco, su habitación del hospital se llenó de flores de papel, y con crayón, señales de lo mucho que lo amaban y extrañaban. Emilie recordó: "Se sentía como si todos ellos estaban allí con nosotros".

Durante un mes y medio, Kohen luchó con valentía. Entre los antibióticos, la intubación y, finalmente, la colocación de una máquina ECMO (Oxigenación por Membrana Extracorpórea), su salud siguió oscilando; así como empezaba a mejorar, luego empeoraba. Con el tiempo, su cuerpo quedó debilitado y dañado por la neumonía, un derrame cerebral y los diferentes tratamientos. Kohen estaba demasiado débil para seguir luchando y, esta vez, no regresó a casa.

El amor que los padres de Kohen y todo el equipo de KOTM sentían por él continúa perdurando. Después de su fallecimiento, KOTM organizó una celebración especial de la vida del pequeño Kohen. Marj Crowther, nuestra directora de preescolar, sabía cuánto le encantaba a Kohen estar al aire libre y sugirió plantar un árbol en su honor. Emilie compartió: "Esa ofrenda significó mucho para nosotros porque nos mostró cuánto se preocupaba realmente KOTM por nuestro hijo. No solo mientras estuvo aquí, sino después, y todavía le seguirá importando en el futuro".

Entra al mundo de la familia Killen: Sé testigo de su viaje de amor, pérdida y resiliencia, y ve cómo KOTM jugó un rol esencial en sus vidas.

chasingtheimpossiblebook.com/chapter3

Nos sentimos increíblemente honrados y agradecidos de haber tenido la oportunidad de amar y ser parte de la vida de Kohen. Que mientras él era parte de nuestro programa de cuidado infantil, podíamos apoyar a sus padres y crear un lugar seguro, feliz y maravilloso para que Kohen aprendiera y creciera cada día. En KOTM, creemos que todos los padres y todos los niños merecen acceso a este enfoque holístico del cuidado infantil. Como Emilie describió el cuidado infantil en KOTM: "Podemos dejar a nuestro hijo en la guardería y saber al 100% que allí lo cuidarán, lo amarán y lo protegerán. Y eso me hará una mejor persona porque luego podré salir al mundo y hacer mi trabajo de manera más efectiva y eficiente, sabiendo que tengo a las mejores personas cuidando a nuestro hijo".

UN MOMENTO DE KOTM
Lacey Wilson, trabajadora de preescolar y cuidado infantil

Después de ser parte de KOTM durante veintidós años, creo que una de las cosas que hace que nuestra instalación de cuidado infantil sea tan especial es su singularidad. Tuve la oportunidad de recorrer muchas otras instalaciones para recibir capacitación, pero también para buscar ideas sobre cómo podemos mejorar la calidad del cuidado. Muchas guarderías no tienen un programa inclusivo.

Me encanta lo inclusivo que es nuestro cuidado infantil y lo especial que es saber que aquí los niños son tratados como iguales. Nuestros niños aprenden a tratar a aquellos que son diferentes, ya sea por discapacidades o por algo más como la barrera del idioma. Tenemos niños que no hablan inglés: ruso, chino, japonés, español y otros. Nos tomamos el tiempo para ayudarlos a crecer y nuestros hijos aprenden que todos somos diferentes y a amarlos por su singularidad.

Saber que he tenido un impacto positivo en los niños que han venido al centro ha significado todo para mí. Para algunos, es un impacto que ha durado años; todavía estoy en contacto con algunos de mis alumnos desde que comencé. Están sirviendo en misiones [de la iglesia] o se van a casar, y todavía hablan del impacto positivo y la influencia que los demas miembros del personal y yo hemos tenido en ellos.

Durante mi tiempo aquí, me sorprende lo mucho que hemos crecido y que la necesidad de nuestros servicios sea tan frecuente. Y es bueno saber que, en su conjunto, KOTM tiene un impacto en nuestra cultura, en nuestra comunidad. Cuando la gente habla de KOTM, suele ser una experiencia muy positiva, ya sea que ellos mismos o alguien que conocen han utilizado nuestros servicios.

Estoy absolutamente sorprendida de que hayamos pasado de servir solamente a unos cientos de niños al principio, ahora a miles, y esto va a seguir creciendo. Tenemos tanta dedicación dentro de nuestro personal que sigue creciendo y podemos atender más a nuestra comunidad, no solo aquí en el centro, sino en todas partes.

MÁS QUE CUIDADO DE NIÑOS

En KOTM, creemos que el cuidado infantil puede y debe ser más que un lugar donde dejar a tu hijo y orar para que esté bien mientras vas a trabajar. Cada niño merece un lugar donde sea visto y conocido, no simplemente vigilado mientras sus padres trabajan. Todo padre merece la tranquilidad de saber que su hijo es verdaderamente amado y cuidado, no solo una cabeza más que necesita ser contada.

Nuestro centro de cuidado infantil acepta tanto niños con discapacidades como niños con desarrollo típico. En la mayoría de las guarderías, si un niño no sabe ir al baño o no habla, o como Kohen, tiene una derivación y retrasos en el habla, a menudo lo rechazan. Nunca rechazamos a un niño por una necesidad especial. ¿Se imagina la frustración, la ira y la desesperación de un padre cuando DEBE trabajar para poner comida en la mesa, pero ningún centro de cuidado infantil inscribe a su hijo? Es la realidad de miles de familias en los Estados Unidos todos los días.

Como muchos de nuestros programas en KOTM, nuestro centro de cuidado infantil abrió porque vimos una necesidad y tomamos medidas para satisfacerla. Nuestras fundadoras, Karen y Brenda, se dieron cuenta de que muchas de las maestras y terapeutas que eran empleadas de KOTM tenían disponibilidad limitada para las sesiones porque también eran madres de tiempo completo y solo podían trabajar cuando su pareja estaba en casa. Karen y Brenda se dieron cuenta de que si hubiera cuidado infantil en el lugar, tendrían más capacidad para enseñar y ofrecer sesiones.

Además, el cuidado de niños en el lugar proporcionaría un lugar para que los hermanos pasen el rato mientras los padres asisten a clases o terapias con su hermano o hermana discapacitados. Un centro preescolar y de guardería significaba que cualquier persona, ya fuera cliente o terapeuta, podía mantener a sus hijos seguros y cerca sabiendo que estaban bien cuidados. Simplemente tenía sentido, y el programa de cuidado infantil se inició en el otoño de 1992 como EEC.

UN LUGAR QUE SE SIENTA COMO ESTAR EN CASA

Cuando entras a nuestras instalaciones de la guardería, no te sientes como estar en la vieja guardería que hay al final de la calle. No, queríamos que el lugar se sintiera como estar en casa. Entras en una hermosa recepción y eres recibido por dos dulces periquitos; a todos los niños, cuando llegan, les encanta saludar a los pájaros Sunshine y River. A la derecha está nuestra amplia biblioteca de libros divertidos y bellamente ilustrados para los más pequeños, y estante tras estante de recursos para los padres. Un adecuado sistema de seguridad con tarjeta llave brinda acceso directo al ala de la guardería del edificio y garantiza la seguridad de todos los niños. Los salones de clases están decorados con colores cálidos y neutros que dan una sensación de tranquilidad y hay muchos juguetes para que todos los niños disfruten. Los grandes ventanas traen el exterior hacia adentro, y los hermosos acabados hacen que las habitaciones sean serenas, frescas y oscuras para la hora de la siesta. Los espejos bidireccionales pueden ofrecer tranquilidad a los padres que están nerviosos por dejar a sus pequeños y quieren quedarse unos momentos mas para mirar. Cada habitación tiene fácil acceso al área de juegos para disfrutar del sol y explorar. Y nuestro director de programa participa activamente en cada salón de clases, ofreciendo apoyo enriquecedor y cariñoso.

Marj Crowther, nuestra directora de preescolar y cuidado infantil, compartió: "Somos únicos en el sentido de que trabajamos duro para garantizar el bienestar social y emocional de un niño. Está demostrado que si un niño está bien adaptado social y emocionalmente, le irá mejor académicamente. Pero si no tienen esa base de bienestar social y emocional, todo es difícil. Es un punto de vista desde el cual nuestros maestros guían a los niños. Honramos a los niños; sabemos que tienen ideas y sentimientos. Esos sentimientos suelen ser grandes y los valoramos.

"Los sentimientos de los niños se pasan por alto en una guardería típica, pero los vemos y sabemos que el hecho de que sean pequeños no significa que no tengan grandes sentimientos. Honramos eso y luego se crea un efecto dominó, como algo bueno que se extiende por toda la clase. Es una de esas cosas tácitas e invisibles que ocurren como subproducto de simplemente modelar el comportamiento".

TODOS GANAN

Nuestro preescolar y cuidado infantil es uno de los seis programas que ofrecemos en KOTM en el mismo lugar. Mientras nuestro EEC se creó originalmente para el personal de KOTM y los padres de niños inscritos, nos hemos expandido y brindamos servicios para todas las familias que necesitan cuidado infantil en la comunidad, incluidos los niños típicos y los niños del personal. Naturalmente, debido a nuestra experiencia, recibimos en nuestra guardería un porcentaje de niños con discapacidad más alto de lo habitual.

Una de las ofertas únicas en las que nos enfocamos es la atención integral. Por ejemplo, si un niño tuvo un diagnóstico de autismo, un padre puede dejar a su hijo por la mañana y por la tarde lo llevamos a nuestro Centro de Autismo para recibir tres horas de terapia ACA tres días a la semana, y los otros dos días de la semana los llevamos a nuestros servicios de apoyo familiar para recibir una hora de terapia del lenguaje y luego los llevamos de regreso al centro de cuidado infantil. En lugar de que los padres programen múltiples citas conduciendo por el valle, falten al trabajo y coordinen citas, pueden tener todos los servicios necesarios para apoyar a sus hijos durante el día en KOTM mientras están en el trabajo. Somos extremadamente únicos y revolucionarios en la forma en que apoyamos a las familias.

Además de los beneficios que reciben los niños al estar en un entorno inclusivo y enriquecedor, es un gran beneficio para nuestro personal y la comunidad. Alrededor del 85 por ciento de los empleados de KOTM son mujeres; esto se debe en parte a su capacidad de tener cuidado de niños en el lugar. Entre la escasez de opciones, los costos excesivos, la brecha salarial y el aumento de la inflación, muchas mujeres simplemente no pueden costear el cuidado de sus hijos, lo que hace aún más importante que se lo proporcionemos a nuestros empleados a un costo reducido.

Y debido a que todos los servicios que ofrecemos en KOTM están bajo la misma organización, podemos continuar satisfaciendo las necesidades de la familia fuera del cuidado infantil. Por ejemplo, si hay un niño inscrito que está comenzando a mostrar signos tempranos de autismo o problemas de conducta, podemos hacer que uno de nuestros BCBA en el lugar observe y, si es necesario, haga una recomendación a los padres sobre los próximos pasos. La intervención temprana se convierte entonces en una posibilidad mucho mayor.

Sabemos que la rotación de personal puede ser traumática para los niños, por eso hacemos todo lo posible para retener a nuestro increíble personal. Esto significa dar aumentos consistentes y traer personas más calificadas al salón de clases para brindar apoyo. A menudo nos asociamos con estudiantes de enfermería que necesitan registrar horas de voluntariado y ellos sirven como asistentes de maestra en el salón de clases.

Nuestro objetivo financiero no es ganar dinero; estaríamos encantados si logramos alcanzar el punto de equilibrio. Nuestro propósito es únicamente atender a nuestro personal, familias y comunidades que tienen una necesidad imperiosa de cuidado infantil de alta calidad.

Alrededor del 30 por ciento de los niños en nuestro programa de cuidado infantil tienen discapacidades y retrasos en el desarrollo. Pero nunca son puestos a un lado ni se les mantiene apartados de los niños típicos. Todos aprenden, juegan y crecen juntos. A medida que aprenden uno al lado del otro, estos niños desarrollan la aceptación de otros que son diferentes a ellos, lo que facilita una comprensión mucho mayor de lo que tienen en común en lugar de las diferencias. Hay un mayor nivel de compasión con los niños ya que cada día aprenden a tratarse unos a otros con respeto y amabilidad.

Marj compartió un ejemplo de esto con una situación real:

"Tommy tiene síndrome de Down, por lo que se ve diferente a los demás niños. Y no creo que Bobby alguna vez había estado cerca de niños con síndrome de Down.

Estaban todos en el patio de juegos, jugando y escondiéndose juntos en un túnel. Bobby les dijo a los otros niños: 'Vamonos chicos, él es raro', señalando a Tommy. 'No juguemos con él. Vayamos aquí y juguemos'.

Su maestra escuchó la conversación, se acercó y le dijo suavemente: 'Bobby, sí, Tommy se ve diferente y no puede cambiar su apariencia. Lo respetamos como nosotros te respetamos a ti. Y por eso, todos somos una familia y queremos jugar todos juntos'.

En ese momento, Johnny intervino: 'Vamos Bobby, todos somos amigos. ¡Todos estamos aprendiendo a ser buenos amigos!' Y a partir de ahí, todos los niños se fueron a jugar juntos, incluido Tommy".

La compasión que aprenden estos niños es realmente notable.

Cuando el dulce Kohen estaba en el hospital, uno de sus compañeros de juego se acercó a la maestra y le dijo: "Necesitamos orar por los padres de Kohen". Tener tanta inteligencia emocional y compasión a una edad temprana es un regalo. Imagínate dónde podríamos estar como comunidad y cultura si todos hubieran aprendido este nivel de compasión y amabilidad cuando estaban en preescolar.

Marj continuó compartiendo: "Mientras nuestros servicios en sí mismos son vitales e importantes, no solo brindamos cuidado infantil, sino que tenemos la esperanza de crear, modelar y enseñar a una comunidad más inclusiva".

UN MOMENTO DE KOTM
Carley Scalora, padre del centro de cuidado infantil

Mi hijo Calvin, de seis años, y yo pasábamos casi todo el tiempo juntos cuando él era más pequeño debido a sus complejidades médicas. Y, por supuesto, el COVID-19 contribuyó bastante a que nos quedáramos en casa. Entonces, estaba muy nerviosa por dejarlo ir a la guardería.

Hemos estado con KOTM desde que él tenía tres meses. Participó en el programa de intervención temprana donde vinieron a nuestra casa; participó en terapia ocupacional, fisioterapia, del lenguaje, todas sus terapias. Cuando tenía casi tres años, hicimos la clase de habilidad motora, la caja de aprendizaje y toda su preparación preescolar. Estábamos tristes pensando que habíamos terminado.

Busqué durante mucho, mucho tiempo una guardería, tratando de encontrar un lugar en el que pudiera confiar y que Calvin disfrutara. Además, tenía que ser alguien que trabajara con nuestra situación médica única. Me sentí como si estuviéramos al final de la cuerda hasta que recordé a KOTM. Encontré el programa de cuidado infantil y estábamos muy felices de volver. Todos aquí aman a Calvin, nos aprecian y estaban dispuestos a trabajar con nosotros. Como ya sabíamos que era un lugar seguro y a él le gustaba, fue muy fácil enviarlo.

El hecho de que el programa de cuidado infantil acepte a todos los niños y que estén dispuestos a hacer adaptaciones hizo que fuera fácil confiar en el programa. Calvin ha crecido exponencialmente simplemente por estar rodeado de otros niños que lo entienden. Pienso que es importante que los niños estén expuestos a diferentes habilidades para que cuando estén en el mundo real tengan estas experiencias a las que recurrir. Es algo que han visto antes y, de repente, ese niño con una habilidad diferente a la de ellos es un niño más que quiere jugar.

Carley y Calvin Scalora

Calvin también se beneficia del tiempo para sí mismo cuando mamá no está allí—puede descubrir quién es cuando está fuera de la casa. Se ha vuelto mucho más valiente y está aprendiendo a socializar más.

El personal aprende continuamente sobre diferentes tipos de comportamientos y discapacidades para satisfacer las necesidades de cada niño. Muchos lugares son muy convencionales y repetitivos: "Esto es lo que hacemos para cada niño". Pero Calvin no siempre se ajusta a esos patrones, por eso me encanta que KOTM trabaje con niños típicos y neurodiversos, y los reúne a todos. Siempre están aprendiendo y creciendo, y es simplemente un lugar mágico. Nos encanta estar aquí.

Únete al viaje de esperanza y resiliencia de Carley: Ve cómo la educación inclusiva empoderó a Calvin y proporcionó un camino para superar el miedo.

chasingtheimpossiblebook.com/chapter3

TU ACCIÓN
Excelente cuidado infantil para todos

Cuando era una madre joven, no tenía idea de lo críticos que son los primeros siete años de la vida de un niño para su desarrollo. La forma en que hablamos con los niños y les enseñamos a expresar sus sentimientos y emociones crea un impacto para el resto de sus vidas. Por eso es importante qué tipo de experiencias tienen en el cuidado infantil. Como madre, reconocí desde el principio el profundo impacto que los cuidadores y maestros tenían en mis hijos. Mis hijos los amaban y adoraban.

Una de las mayores necesidades que tenemos en este momento es la financiación que nos permitirá contratar más apoyo en cada salón de clases. Marj explicó:

"Uno de los problemas es que los maestros se agotan muy rápidamente. Debido a las necesidades de los niños que están bajo su cuidado, tienen que estar súper atentos todo el tiempo y no hay tiempo de inactividad. No se puede evitar el agotamiento en este tipo de circunstancias, pero si tuviéramos suficientes maestros y que pudiéramos aprovechar sus fortalezas para una situación particular, ser flexibles y moverlos de un lado a otro para apoyar todo lo que sucede en el salón de clases…. ¡Cielos! ¡Los niños obtendrían lo mejor de lo mejor!"

En KOTM es un honor y un privilegio para nosotros brindar un ambiente seguro, cálido, inclusivo y afectuoso donde cada niño se sienta reconocido y comprendido. Ya sea que estén con nosotros durante unos años o, como Kohen, solo unos meses, todos los padres merecen la tranquilidad que conlleva saber que su hijo es amado mientras está en el cuidado infantil.

Y aunque no podemos arreglar la forma en que se administran todas las guarderías, en KOTM podemos ampliar nuestra capacidad para atender a los niños con excelencia. Necesitamos fondos subsidiados o donaciones para poder seguir mejorando la proporción de maestros-alumnos sin afectar económicamente a los padres. Queremos apoyar al personal en todas las capacidades y continuar equipando cada salón de clases con el personal y los recursos necesarios específicamente para los niños, haciendo que cada salón sea aún más inclusivo.

Sospecho que muchas de las personas que leen este libro son propietarios de empresas, ejecutivos de alto nivel y líderes influyentes dentro de sus empresas. De ser así, hay muchas posibilidades de que un gran porcentaje de tu fuerza laboral sean padres, y aún mas probable, que no proporcione cuidado infantil en el lugar de trabajo para sus empleados. Si ese es el caso, me gustaría desafiarte a considerar a ofrecer cuidado infantil en el lugar inclusivo y de alta calidad para sus empleados o al menos algún tipo de beneficio de cuidado infantil.

Si bien muchas empresas asumen que el costo es demasiado alto, los datos demuestran que es simplemente buen negocio. Las empresas que ofrecen beneficios de cuidado infantil ven una reducción en el ausentismo, tienen tasas de retención más altas, ven un aumento en la productividad y atraen talentos de alto nivel.[9]

Si eres padre de un niño en un programa de guardería o escuela privada, otra medida que puedes tomar es abogar para que el programa sea más inclusivo para los niños con discapacidades. Mientras es ilegal rechazar a un niño con discapacidad, muchos centros o escuelas imponen reglas o restricciones arbitrarias que descalifican automáticamente a los niños con discapacidad. Por ejemplo, muchos programas preescolares establecerán que un niño debe estar completamente entrenado para ir al baño a la edad de tres años para poder inscribirse, pero para muchos niños con discapacidades, esta habilidad no se aprende hasta más adelante en la vida. Comunícate con la administración de tu escuela o guardería y pregúntales qué iniciativas y programas tienen implementados o desarrollarán en el futuro para garantizar la inclusión.

Entendemos que, para muchas guarderías, el obstáculo principal para los centros inclusivos es la financiación y la proporción adecuada de maestros por alumnos en función de las capacidades y necesidades de los niños. Incluso si los centros quisieran apoyar a más familias con discapacidades, no podrían hacerlo sin imponer un costo a las familias. Una forma en que todos podemos abogar por la inclusión es acercarnos a las legislaturas y políticos locales y solicitar fondos subsidiados para centros que apoyen a salones de clases inclusivos.

---

9   Shilpa Gaidhani, "Employer Sponsored Child Care Program," *International Journal of Advance Research and Development* 3, no. 3 (2010): 78–85.

Ya sea que actualmente formes parte de un centro que ofrece cuidado infantil, seas un compañero padre o un empleador que tiene padres en su fuerza laboral, todos podemos estar de acuerdo en que cada niño y cada padre merece un cuidado infantil de alta calidad. Juntos podemos dar ejemplo y elevar el nivel de lo que significa brindar un cuidado infantil excelente en nuestras comunidades.

CAPÍTULO 4

INTEGRIDAD INQUEBRANTABLE

*"Con integridad, lo demás no cuenta. (With integrity, nothing else counts)
Sin integridad, lo demás no cuenta". (Without integrity, nothing else counts)*

—WINSTON CHURCHILL

Hay un tema recurrente que probablemente estés empezando a captar a medida que compartimos una historia tras otra: cuando las familias vienen a KOTM, no es porque todo en su mundo este sucediendo según lo planeado. Ya sea que supieran que su hijo nacería con una discapacidad o que estuvieran lidiando con un diagnóstico reciente, y entre lo demás, muchas familias acuden a nosotros enfrentando una tristeza y un dolor inimaginables, mientras manejan una transición poderosa. En estos momentos increíblemente vulnerables, estas familias necesitan un colaborador de confianza, alguien que los acompañe, les asegure que todo va a estar bien y que lo haga con la mayor integridad.

Algunas de las familias más vulnerables con las que trabajamos son aquellas que participan en nuestro programa Early Head Start. Mientras algunas de estas familias tienen hijos con una discapacidad, todas acuden a nosotros enfrentando los desafíos que conlleva vivir con bajos ingresos o por debajo del umbral de pobreza.

Alicia Lopez y su hijo Luis acudieron a nosotros no solo con la necesidad de un servicio, sino también de un apoyo integral. Como única proveedora de su hijo y madre primeriza, Alicia luchaba por comprender qué le pasaba a su hijo. Como muchos niños nacidos durante la pandemia, no había estado muy expuesto al mundo exterior en su corta vida. Pero cuando las restricciones de COVID comenzaron a levantarse y ellos intentaron involucrarse con otros niños y actividades, Luis no parecía participar como otros niños. Alicia analizó sus pensamientos en ese momento: "Pensé que tal vez COVID era la razón por la cual cuando empezábamos a reunirnos con otros niños, él se mantenía aislado, o tal vez porque estaba acostumbrado a estar en casa. En casa, si quiere correr, puedo dejarlo correr. Si quiere jugar afuera, lo dejo ir a jugar. Entonces tal vez no esté acostumbrado a un régimen. Pensé que quizás no estaba acostumbrado a esto".

Alicia y Luis Lopez

Alicia atribuyó gran parte del comportamiento de su hijo a la necesidad de disponer de más tiempo para conectarse con otros niños pequeños y experimentar el mundo que lo rodeaba. Además, Alicia se dio cuenta de que su hijo se estaba desarrollando más lentamente que los hitos típicos señalados. Entonces, cuando presentó su solicitud para el programa WIC (un programa de nutrición suplementaria para mujeres, bebés y niños), ella le preguntó al equipo si conocían algún recurso para ayudar a su hijo. Como el pequeño Luis tenía solamente dieciocho meses, fue referida a KOTM para nuestro programa de intervención temprana. Ella inscribió a Luis en la intervención temprana, pero el personal podía ver claramente que ella necesitaba más apoyo. Registrar a Luis fue solo un paso, pero el primer paso de un trayecto con KOTM que transformaría sus vidas para mejor.

El personal de intervención temprana podía ver que Alicia necesitaba más apoyo y la ayudó a inscribirse en Early Head Start (EHS) a través de KOTM. EHS es un programa financiado por el gobierno basado en la equidad, que apoya a los niños de entornos más vulnerables. A través de un modelo integral de apoyo completo para el niño y toda la familia, EHS sirve como amortiguador para prevenir y abordar el trauma infantil, el hambre, la mala salud y otros resultados asociados con vivir en la pobreza. Head Start combina servicios como educación, desarrollo infantil temprano, salud, nutrición, salud mental, servicios para discapacitados, apoyo familiar y participación de los padres para mejorar la vida del niño y construir una unidad familiar sólida.

Los bajos ingresos de Alicia, la falta de apoyo y recursos, y la creciente comprensión de las necesidades especiales de Luis hicieron de su familia el candidato perfecto para EHS, donde ella podría acceder a servicios integrales que podrían beneficiar cada área de su vida.

Alicia, al igual que los Killen y muchas otras familias, no era ajena al estrés y la ansiedad que conlleva buscar cuidado infantil accesible y de calidad. Alicia explicó: "Siempre se escuchan estas historias en las que se descuida al niño o en que los maestros están demasiado preocupados por los demás niños y realmente no tienen tiempo para prestarles atención a todos, especialmente en los programas de cuidado infantil".

Estaba claro que el habla de Luis estaba retrasado y, sumado al hecho de que no se comportaba como los otros niños, a menudo optaba por aislarse. A Alicia le preocupaba que los maestros pasaran por alto a Luis y compartió sus preocupaciones: "Soy madre soltera; ¿cómo voy a pagar la guardería? Tengo que decidir entre cuidarlo a él, o ir a trabajar".

Afortunadamente, dentro del programa EHS, el cuidado de niños está cubierto para ella hasta los tres años, lo que no solo fue una respuesta a una plegaria, sino un cambio revolucionario para Alicia. Inmediatamente, Alicia pudo ver la diferencia en la calidad de la atención ofrecida. "Cuando llegué aquí, vi cómo KOTM se asegura de que haya suficientes maestros en el salón de clases para atender plenamente las necesidades individuales de cada niño. Cada niño es diferente. Y ver a sus maestras, como Alfa, prestar especial atención e incluso reconocer en Luis cosas que yo, como madre, no podía ver".

El acceso a este tipo de cuidado infantil era más que satisfacer una necesidad para Alicia; fue liberador. Alicia explicó: "Él puede estar aquí todo el día y yo trabajo y puedo proveer para él. Es extremadamente útil no tener que preocuparme por la factura que llega todos los meses y estresarme porque no sé cómo pagarla".

Para familias como los Lopez, el alto costo del cuidado infantil crea un ciclo de pobreza en el que muchos quedan atrapados. Necesitas cuidado infantil para poder trabajar, pero ¿qué se supone que debe hacer una familia si tu trabajo no te paga lo suficiente para cubrir el cuidado infantil? Y mucho menos tener la capacidad de buscar oportunidades educativas y laborales para mejorar sus circunstancias y habilidades. A pesar de querer lo mejor para sus hijos, muchas familias de bajos ingresos deben explorar opciones fuera de la calidad de atención que sus hijos merecen para encontrar algo que se ajuste a su presupuesto. Pero en KOTM, a través del programa EHS, podemos brindarles ambas cosas a estas familias. Pueden ir al trabajo con la tranquilidad de saber que su hijo está seguro y se lo está pasando genial en un ambiente afectuoso y limpio, rodeado de personal dispuesto y entusiasmado de satisfacer sus necesidades únicas.

EQUIPO LOPEZ

Alicia ya no era la única que cuidaba de Luis y trataba de asegurarse de que alcanzara sus metas. Ahora tenían un equipo animándolos y apoyándolos. Cada uno de las maestras de Luis tenía una experiencia increíble; comprendieron profundamente lo que es típico y cuándo identificar una senal de alerta. Por ejemplo, pueden detectar fácilmente la diferencia entre un niño que tiene dificultades momento la primera vez que se separa de su madre y cuando ya debería sentirse cómodo, lo que les permite orientar a los padres en la dirección correcta.

Alicia compartió: "Descubrimos que Luis tenía algunos problemas de visión. ¡Las maestras lo notaron antes que yo porque le prestaron mucha atención! Le veían acercar la cara a objetos o fotografías y, a menudo, entrecerraba los ojos".

Alicia tenía un espacio seguro y libre de prejuicios para compartir sus preocupaciones sobre el desarrollo de su hijo, algo que todo padre necesita, especialmente los padres solteros que no tienen una pareja en casa para procesar o ayudar a vigilar el progreso. Como madre de seis hijos con un esposo solidario, una familia y una comunidad de apoyo, sé lo que es preguntarse si tu hijo esta simplemente siendo un niño o si estás viendo señales de un problema más significativo. A menudo, nada es más aterrador para un padre.

Alicia siempre había notado que el comportamiento y las reacciones de su hijo diferían de los de otros niños. Comparaba a Luis con sus primos o con los hijos de sus amigos y sentía una inmensa culpa, creyendo que ella era la causa de su comportamiento. Cuando a otros niños se les decía "no", ellos podrían enojarse, pero seguían adelante. Pero, cuando a Luis le decían que no, se descontrolaba por completo durante períodos prolongados.

De hecho, cada vez que salían de casa, Luis lloraba prácticamente sin parar. Alicia se preguntaba: "¿Qué estoy haciendo mal como madre para que mi hijo no pueda ir a las tiendas sin comenzar a llorar?" Su llanto era tan estresante para Alicia que salía de casa lo menos posible. "Como madre soltera, quieres socializar y asegurarte de que tu hijo tenga amigos. Quieres tener amigos, reunirte con personas que te importan y simplemente construir una comunidad. Cuando no puedes hacer eso, es muy solitario y muy difícil".

En lugar de llevarlo a hacer diligencias, Alicia intentaba encontrar a alguien que lo cuidara y regresar lo más rápido posible; de lo contrario, él gritaría sin parar. Si tenía que llevarlo a la tienda, iría por los artículos mínimos que necesitaban, manteniendo cualquier viaje de compras a diez minutos como máximo.

Cuando ella compartió todo esto con las maestras de EHS de Luis, ellas le explicaron sobre las señales que debe tener en cuenta en casa. Por ejemplo, las rabietas no deberían durar más de uno o dos minutos, y ella debería estar atenta a cualquier agresión que esté fuera de la norma que se ve en un niño pequeño de su edad.

Eventualmente, las maestras y el equipo de EHS comenzaron a reconocer algunos de los signos reveladores de autismo. Le recomendaron a Luis ver a un médico y hacerse las pruebas preliminares. Alicia explicó: "Me dieron recursos para ayudarlo, no solo diciéndome 'Necesitas ayudarlo' y luego dejándome sola para resolverlo de alguna manera". El personal de EHS la acompañó en cada paso del camino, asegurándose de que supiera qué pasos tomar a continuación y a dónde ir.

Después de ver a varios profesionales de la salud y haber completado las pruebas necesarias, llegaron los resultados: Luis tenía TEA. Una vez más, a través del programa Early Head Start, nuestro equipo se unió a ella para brindarle rápidamente el apoyo que necesitaba.

Cuando las personas enfrentan desafíos que alteran sus vidas, como discapacidades, dificultades financieras u otras circunstancias imprevistas, a menudo existe la creencia común de que un solo programa, una visita a un médico específico o incluso un medicamento en particular podrían servir como una cura universal. Sin embargo, la realidad es más compleja; no existe una solución única para todo. Al igual que la familia Lopez, las familias vulnerables generalmente requieren acceso a una variedad de servicios de apoyo en lugar de depender de un remedio único.

La atención integral se extiende más allá de la salud del niño y abarca el bienestar del cuidador o de los padres. Nuestro programa de cuidados de relevo demostró ser también una salvación para Alicia, brindándole un descanso muy necesario para recuperar su propio bienestar y asegurar que tenga la capacidad de cuidar a Luis. Alicia expresó: "El cuidado de relevo me ha dado ese respiro que necesito. Como madre soltera, realmente no tengo a mis padres, así que si quiero salir, no puedo simplemente llamar a mi mamá y decirle: 'Oye, ven a buscar a mi hijo'. O '¿quieres ver a tu nieto?' Además, debido a su autismo, no se lleva bien con los extraños, lo que limita sus opciones. Pero con un relevo, que son por la tarde, de seis a nueve. Eso me da tiempo de tener momentos con otros adultos, ir a cenar solo con adultos y hablar sobre temas de adultos sin preocuparme. ¿Él está bien? ¿Está llorando? ¿Puede la niñera cuidarlo?"

Los ojos de Alicia se llenaron de lágrimas mientras continuaba: "Con el cuidado de relevo, ellos son muy buenos con él, saben que tiene estas necesidades y pueden trabajar con ellas".

Escucha la historia de transformación de Alicia: Descubre cómo el apoyo integral y el amor inquebrantable por Luis cambiaron sus vidas.

chasingtheimpossiblebook.com/chapter4

No puedo expresar lo suficiente mi gratitud por la valentía de Alicia al compartir su historia. Para muchas familias vulnerables como Alicia, sus situaciones tienen matices. A través de KOTM, Alicia accedió a servicios de intervención temprana, se inscribió en EHS, así como en otros programas, y utilizó los cuidados de relevo. Cuando las personas requieren recursos integrales, es fácil que ellos pasen desapercibidos o se les pase por alto. Por eso la integridad es crucial en nuestro enfoque hacia la atención.

Operar con integridad va más allá de inscribir a alguien en un programa, completar formularios y enviarlo por su cuenta. Implica arremangarse e involucrarse profundamente. Significa que cada familia tiene un aliado en el maestro de su hijo. Cada empleado se acerca a nuestras familias con una mentalidad de "qué necesitas" en lugar de "aquí tienes". Somos honestos acerca de lo que el niño realmente necesita. A menudo, esto incluye realizar visitas no financiadas para garantizar que el niño tenga los recursos necesarios. Integridad significa ir más allá para crear un ambiente de trabajo de apoyo que fortalezca a nuestro personal a largo plazo. También significa escuchar a los padres y agregar programas y servicios para ayudar a satisfacer las necesidades de los padres, los niños y la familia.

¿Es fácil? No. Pero es lo que exige nuestra integridad. Y los resultados demuestran que este enfoque radical funciona.

Una y otra vez, las familias se gradúan de nuestros servicios y programas llenas de esperanza. Alicia es uno de esos padres. Ella compartió: "Le tomó a Luis tres años aprender a decir 'mamá' y en un momento pensé que nunca lo diría. Entonces, cuando finalmente lo hizo, literalmente lloré. Escucharlo finalmente decirlo fue increíble". Ella continuó: "Estando con KOTM, me di cuenta de que él todavía puede tener grandes sueños. Será solo un poco diferente. Puede que no sea la forma más fácil de conseguirlos, pero él podrá hacerlo. Todavía hay esperanza. Todavía puede vivir una gran vida".

UN MOMENTO DE KOTM
Barbara Quintana, Gerente de Elegibilidad, Reclutamiento, Selección, Inscripción y Asistencia (ERSEA)

Mi nombre es Barbara Quintana y me uní al personal de KOTM hace trece años. Mi esposo y yo nos mudamos a Utah hace veintiséis años desde un pequeño pueblo justo en las afueras de la Ciudad de México. Nuestros hijos, Brenda y Daniel, eran pequeños y al ser extranjeros fue un desafío. Alguien me habló del programa Head Start y sugirió que sería una buena oportunidad para mi familia.

Cuando nos unimos al programa, estaba emocionada de ver los salones de clases y las diferentes áreas que asignaron para jugar, relajarse y más. Pude observar la rutina que tenían los niños en el salón de clases y nos animaron a involucrarnos con el programa de diferentes maneras. Me ofrecería como voluntaria en el salón de clases, ayudando a la maestra y leyéndoles libros a los niños. Al venir aquí como inmigrante, no conocía a nadie. Solo conocía a mi esposo y mis hijos, y eso fue todo. Así que esta también fue una buena oportunidad para conocer a otras familias con niños de la misma edad.

El programa Head Start también nos brindó actividades que podíamos hacer con nuestros hijos en el hogar. Por ejemplo, nos dieron una lista de actividades que cualquiera puede hacer en su casa con sus hijos, utilizando lo que ya tienes en casa. Cuando eres una familia de bajos ingresos, no tienes dinero para comprar todos los juguetes o las actividades más recientes. Tienes que utilizar los mismos materiales que ya tienes en casa. Las actividades nos ayudarían a enseñar a nuestros hijos cómo usar imágenes de la casa para identificar colores, formas aparejar objetos y más.

Head Start también me enseñó cómo brindar un ambiente saludable y seguro en nuestro hogar. Desde cubrir los enchufes eléctricos hasta cómo almacenar adecuadamente los productos químicos y referencias a servicios médicos y de salud mental. Recibimos recordatorios para llevar a los niños al médico y ellos recibieron exámenes de revisión general de salud y exámenes dentales. Mi familia no habría tenido la oportunidad de acceder a estos recursos si no fuera por Head Start.

Cuando vivíamos en México, yo había obtenido una licenciatura en derecho, pero cuando nos mudamos aquí, mi primer desafío fue aprender inglés. Head Start fue capaz de brindarme la oportunidad de tomar clases universitarias donde podía aprender inglés. Una vez que aprendí inglés, tomé clases en línea en la Universidad de Cincinnati sobre educación temprana. Obtuve un nuevo diploma en los Estados

Unidos; por suerte aceptaron algunos de mis créditos de México y me convertí en maestra de kindergarten.

Cuando llegó el momento de que mis hijos dejaran Head Start, creamos un plan y definimos qué elementos necesitarían mis hijos. Tuvimos la oportunidad de hablar con otras familias, averiguar a qué escuelas iban sus hijos y hacer preguntas sobre cómo inscribirse.

Vi los impactos positivos que Head Start tuvo en mis hijos. Mientras crecían, a ambos les encantaba leer y ahora van a la escuela a tiempo completo. Mi hija Brenda está cursando una maestría en estudios laborales y mi hijo está estudiando administración de empresas.

Nunca olvidaré cuando supe que KOTM se estaba expandiendo y contratando personal nuevo. Estaba tan emocionada de aplicar. Como padre, tuve una gran experiencia y KOTM tenía una reputación fantástica de ser un lugar maravilloso para trabajar. Cuando recibí la noticia de que me habían contratado... Cielos, estaba tan feliz. Todavía recuerdo mi primer día; éramos once educadores de familia siendo incorporados e iniciando nuestra capacitación. Después de tres meses de estudio y trabajo duro, fui evaluada y aprobada.

Todos queremos lo mejor para nuestros hijos y darles la oportunidad de crecer felices y saludables, y durante los últimos trece años, me he sentido muy orgullosa de abrir las mismas puertas a los recursos y oportunidades que le fueron brindados a mi familia. A menudo trabajo con familias hispanas que enfrentan los mismos desafíos que nosotros atravesamos. Responder las preguntas, buscar respuestas y construir una relación durante mi visita domiciliaria. Gracias a mi educación, puedo explicarles a estas familias cómo funciona el cerebro y cuán importantes son esos primeros años para el desarrollo cerebral de sus

> hijos. Si brindan experiencias buenas y positivas, crearán un impacto del que su hijo se beneficiará por el resto de sus vidas.

INTRODUCIENDO EARLY HEAD START Y EL PROGRAMA HEAD START A KIDS ON THE MOVE

Sí, KOTM se fundó originalmente con el objetivo de ayudar a niños y familias con síndrome de Down, pero el corazón detrás de esto siempre fue ayudar a los miembros más vulnerables de nuestra comunidad. Karen y Brenda nunca quisieron limitar los recursos a un grupo específico de personas.

Los niños de hogares de bajos ingresos corren un mayor riesgo de negligencia y tienen más probabilidades de experimentar inseguridad alimentaria y de vivienda. Vemos el impacto en su comportamiento y en su rendimiento académico, ya que muchos de estos niños luchan por mantenerse al día con sus compañeros en la escuela.[10] Y para las familias de bajos ingresos que también afrontan sus circunstancias con un niño con discapacidades, como te puedes imaginar, los riesgos son aún mayores. Según la Biblioteca Nacional de Medicina, los niños que crecen en la pobreza tienen menos probabilidades de recibir tratamiento para sus condiciones, ya que generalmente tienen un acceso más limitado a la atención, e incluso aquellos con seguro pueden enfrentar barreras adicionales y, en consecuencia, tener peores resultados de salud.[11]

---

10   The United Way, "Child poverty in America – facts, statistics | United Way NCA," United Way of the National Capital Area, 26 de octubre de 2022, consultado el 9 de noviembre de 2023, https://unitedwaynca.org/blog/child-poverty-in-america/.

11   National Library of Medicine, "Poverty and childhood disability – mental disorders and disabilities among low-income children," NCBI, consultado el 9 de noviembre de 2023, https://www.ncbi.nlm.nih.gov/books/NBK332898/.

La ley asociada con el programa Head Start exige que el 10 por ciento de estos recursos se reserven para niños con discapacidades.[12] Así que, para Karen y Brenda, la decisión de aplicar para convertirse en proveedores de Early Head Start fue fácil. Si había algo que pudieran hacer para ayudar y el gobierno lo estaba haciendo posible, querían participar.

Early Head Start ayuda a cientos de miles de familias vulnerables cada año en los Estados Unidos. De 2021 a 2022, durante todo el año, un total de 214.300 bebés y niños pequeños y 12.552 mujeres embarazadas participaron en Early Head Start. De estos 214.300 niños atendidos, 18.156 se encontraban sin hogar, 10.189 estaban en crianza temporal y 27.410 tenían una discapacidad diagnosticada.[13]

En teoría, como cultura, entendemos que crecer en la pobreza o con bajos ingresos puede ser perjudicial. Pero también, como Estadounidenses, tenemos una actitud positiva. Creemos que cualquiera que realmente quiera triunfar, puede hacerlo. Y mientras que técnicamente eso es cierto, no es toda la verdad. Las estadísticas muestran que no es tan simple como levantarse por sí solo. Los niños que crecen pobres tienen más probabilidades de ser pobres cuando sean adultos. Mientras que aproximadamente el 37 por ciento de los niños que nunca fueron pobres terminaron la universidad a los veinticinco años, solo el 3 por ciento de los niños de entornos continuamente pobres pudieron hacer lo mismo. El estudio encontró que la pobreza desempeñaba un rol, incluso cuando se tenían en cuenta la raza, el género, la educación de los padres y otros factores. Las investigaciones muestran que los niños que crecen en la pobreza también tienen más probabi-

---

12 U.S. Department of Health and Human Services, Administration for Children and Families, Office of Head Start. "What to Know About the 10% Eligibility Requirement." Early Childhood Learning & Knowledge Center (ECLKC), 20 Mar. 2024, https://eclkc. ohs.acf.hhs.gov/publication/what-know-about-10-eligibility-requirement.

13 National Head Start Association, "Early head Ssart facts & figures – NHSA," NationalHead Start Association, consultado el 9 de noviembre de 2023, https://nhsa.org/resource/early-head-start-facts-figures/.

lidades de desarrollar enfermedades crónicas como asma u obesidad; esta última puede provocar más problemas de salud, como diabetes y enfermedades cardíacas. Y todos sabemos que la deuda médica es la forma más rápida de acumular deuda en este país.

Después de haberme criado en un hogar abusivo y de bajos ingresos, y haberlo dejado para mantenerme a mí misma con solo dieciséis años, soy una de esas personas que se levantaron por sí mismas. Como oradora y líder intelectual, animo a las personas todos los días a asumir la responsabilidad de sus vidas y encontrar una manera de hacerlas avanzar.

Pero también reconozco que dos cosas pueden ser ciertas al mismo tiempo, y estadísticamente yo era una excepción. Es increíblemente raro, prácticamente imposible, que alguien con tantos obstáculos y sin apoyo ni comunidad pueda crear una vida como la mía. Y por eso, soy partidaria de ampliar el acceso a programas como EHS y Head Start. Porque mientras pude lograrlo por mi cuenta, como residente de uno de los países más avanzados tecnológicamente y económicamente más favorecidos del mundo, un país que aporta más de 39 mil millones de dólares en ayuda exterior cada año, también creo que no hay razón por la que cualquiera debería hacerlo solo.[14] Así que hoy elijo ser el tipo de persona que desearía haber estado allí cuando necesitaba ayuda, luchando para garantizar que las Alicias y los Luises del mundo tuvieran un camino a seguir y tuvieran al menos una pequeña oportunidad de tener una buena vida.

Decir que cualquiera que quiera escapar de la pobreza puede hacerlo es como decir que cualquiera que quiera escalar el Monte Everest puede hacerlo. Si quieres escalar el Monte Everest, se necesita una inmensa cantidad de recursos y capacitación. Si quieres escapar

---

14 George Ingram, "What every American should know about US foreign aid," Brookings.Edu, 2 de octubre de 2019, consultado el 18 de enero de 2024, www.brookings.edu/articles/what-every-american-should-know-about-u-s-foreign-aid/.

de una vida de pobreza, se necesita educación, acceso a recursos y un sistema de apoyo. Early Head Start y Head Start brindan eso a las familias, dándoles la oportunidad de luchar en el ascenso agotador.

A pesar de que este increíble recurso está disponible tanto para familias con y sin niños con discapacidades y la gran cantidad de personas que lo aprovechan, solo el 10 por ciento de las personas que califican para Head Start en realidad tienen acceso a él.[15] Esto se debe en parte a la falta de conocimiento de la existencia del programa o de lo que ofrece, pero también por otra parte es porque no hay suficientes organizaciones como KOTM que ofrezcan el programa para satisfacer la demanda de sus comunidades.

Estamos haciendo todo lo posible para abordar estos problemas y la financiación limitada. Vamos y buscamos comunidades que sabemos que están necesitadas, desde clínicas de bajos ingresos, escuelas con dificultades, iglesias y otras organizaciones sin fines de lucro; salimos a las comunidades y buscamos a las personas que necesitan este programa. Estamos adoptando un enfoque proactivo para intentar encontrar a estas familias, muchas de las cuales ni siquiera sabrían dónde buscar.

En KOTM, mantenemos una lista de espera de personas de la comunidad a quienes no podemos atender de inmediato. De esta manera, podemos reflejar con precisión cuál es la necesidad en la comunidad. Si nunca mostramos cuál es la necesidad, no podremos obtener la financiación. Aquí en Utah, recibimos cada vez más y más inmigrantes y refugiados que buscan comenzar el próximo capítulo de sus vidas. Es increíblemente difícil mudarse a un nuevo país, y luego se le suma la empinada curva de aprendizaje que conlleva tratar de comprender un nuevo sistema educativo y médico: la barrera para

---

15 National Head Start Association, "Early head start facts & figures," 2 de octubre de 2019, consultado el 9 de noviembre de 2023, https://nhsa.org/, https://nhsa.org/resource/early-head-start-facts-figures/.

encontrar recursos puede sentirse abrumadora. Es por eso que contratamos un personal muy diverso que pueda hablar diferentes idiomas.

La pobreza se extiende por generaciones dentro de una familia. Así como una familia puede transmitir habilidades o conocimientos, también ocurre lo contrario: tu puedes transmitir una falta de habilidades o conocimientos. Si tu mamá nunca te llevó al dentista, probablemente no llevarás a tu hijo al dentista. Uno de los factores de mayor riesgo de ser encarcelado es tener un padre que estuvo encarcelado.

Early Head Start les brinda a estas familias increíblemente vulnerables la mayor oportunidad de éxito. Tenemos que ayudar. No podemos dar la espalda y decir: ese no es nuestro problema.

UNA MIRADA AL INTERIOR DE EARLY HEAD START Y HEAD START

Early Head Start trabaja con los futuros padres desde el nacimiento hasta que el niño cumple tres años. Fomentan el desarrollo tanto del niño como de los padres, enseñándoles a los padres cómo crear un vínculo saludable entre ellos y su niño. Los servicios incluyen salud prenatal, médica, dental y mental para niños y familias; comidas y refrigerios saludables; oportunidades de participación de los padres; apoyo para niños con discapacidades; y educación y servicios individualizados para niños necesitados.

Los programas Head Start brindan servicios integrales a los niños inscritos y sus familias, el cual incluyen servicios de salud, nutrición, sociales y otros servicios que se consideran necesarios según las evaluaciones de las necesidades familiares, además de servicios de educación y desarrollo cognitivo. Los servicios de Head Start están diseñados específicamente para responder a la herencia étnica, cultural y lingüística de cada niño y familia.

Se anima a los padres a participar activamente en el programa, ya que les permite ser los primeros maestros y defensores de sus hijos. Esto es algo que espero que todos podamos apreciar. En KOTM, trabajamos con niños que tienen diagnósticos complejos y, muy a menudo, nos encontramos con padres que lo negaban o luchaban por saber cómo ayudar a sus hijos. Cuando podemos llegar a un niño y los padres pueden ver mejoras y tomar parte activa para ayudar al niño a tener éxito, es mucho más significativo. La importancia del rol de los padres en el desarrollo de sus hijos no se puede sobrestimar.

Este increíble recurso no solo enseña a un niño de entorno desfavorecido a prosperar, sino que también encamina a toda la familia hacia el éxito. De hecho, las investigaciones indican que los niños que participaron en Early Head Start tenían mejores habilidades académicas, sociales y emocionales a los dos, tres y cuatro años de edad que aquellos que no recibieron ningún servicio.

Aunque KOTM comenzó con la misión de ayudar a los niños con síndrome de Down, eso no nos ha impedido buscar constantemente la siguiente necesidad y luego descubrir cómo satisfacerla. Las fundadoras, Karen y Brenda, sabían que cada niño es valioso y que merece la pena luchar por ellos, y nunca nos hemos desviado de esa misión.

Las familias pueden acceder a nuestros programas visitando nuestro sitio web o llamando y ser conectados con nuestro Coordinador de Admisión o Gerente de ERSEA (Elegibilidad, Reclutamiento, Selección, Inscripción y Asistencia) para completar una solicitud y una entrevista. Mantenemos una lista de espera en caso que no podamos ayudar de inmediato, le hacemos llegar los recursos a esas familias lo antes posible. Cuando una vacante disponible en el programa, nos comunicaremos con esas familias para informarles sobre las mismas.

Desafortunadamente, es en este punto del proceso de inscripción donde vemos la mayor disminución en la participación; la familia tiene que comprometerse a asistir a las citas y es posible que duden en hacerlo. En su mayor parte, nuestro personal puede inscribir a la familia y ayudarles a comprender las increíbles oportunidades que tienen disponibles, lo que ayuda a mitigar cualquier temor o inquietud que pueda tener la familia. Después de eso, la familia puede inscribirse completamente y aprovechar los servicios que tenemos para ofrecer.

Para Alicia y muchas otras familias en Utah, KOTM ha sido el apoyo que necesitaban. Nuestro programa Early Head Start se ha convertido en una salvación para ellos. Alicia lo dijo mejor: "A veces, cuando estás en una situación difícil, todo lo que ves es oscuridad. Con KOTM, vi la luz. Ha sido un viaje increíble y aún no ha terminado".

Este no es un programa de una sola vez. Estamos con las familias a largo plazo. Estamos comprometidos a ayudar a las familias y a todos los niños como Luis a continuar prosperando y teniendo éxito en sus vidas. A través de Early Head Start, y con suerte algún día Head Start, estamos transformando vidas, creando un efecto dominó en nuestra comunidad y demostrando que con compasión e integridad, todo es posible.

TU ACCIÓN
Construyamos un futuro juntos

Actualmente, solo hay otro proveedor de Early Head Start en el condado de Utah y solo pueden acomodar a diesciseis niños a la vez. En una región con una población de 700.000 habitantes, nuestra capacidad actual es de solo 152 espacios. La necesidad es enorme, al igual que las aspiraciones de hacer más. Nos acercamos a ustedes, nuestra increíble comunidad, porque necesitamos su apoyo para ampliar nuestros salones de clases y continuar abogando por las familias necesitadas.

CAPÍTULO 4: INTEGRIDAD INQUEBRANTABLE

La verdad es que queremos hacer más, ¡y podemos! Actualmente solo tenemos un programa Early Head Start para niños desde el nacimiento hasta los tres años; luego los referimos a un proveedor de Head Start que atiende a niños de tres a cinco años. Nos encantaría expandirnos y ofrecer un programa Head Start de tres a cinco años para que las familias puedan permanecer en KOTM. Esto requiere una instalación más grande con más salones de clases y duplicar nuestra capacidad para que todos los niños puedan continuar hasta los cinco años y solicitar fondos de Head Start. Una nueva instalación nos acercaría un paso más.

Al asegurar fondos adicionales, nuestro objetivo es construir de manera proactiva más salones de clases, creando espacio para más niños y sus familias. Con tu ayuda, podemos obtener las instalaciones que necesitamos, lo que nos permitirá presentar ofertas para subvenciones que aumentarán significativamente el alcance de nuestro programa. ¡Imagínate el impacto positivo que podemos crear cuando tenemos la oportunidad de atender a familias y niños más vulnerables!

Ahora bien, aquí es donde se pone emocionante. Nuestro fondo para la nueva construcción no se trata solo de salones de clases; se trata de asegurar 20 acres de espacio. Inicialmente, pensamos que era para el futuro, pero después de trabajar estrechamente con arquitectos, nos damos cuenta de que la mitad de estos acres son necesarios hoy mismo para satisfacer las necesidades urgentes de nuestra comunidad. Miramos hacia el futuro y estamos listos para construirlo ahora.

Explora nuestra visión para el futuro: Profundiza en el plano 3D de nuestro campus revolucionario y descubre cómo tu contribución puede formar el panorama de la atención integral.

kotm.org/strategic-initiative

95

Y aquí es donde entras en juego, necesitamos tu ayuda para hacer realidad esta visión. Nuestra comunidad se unió a nosotros hace casi cuarenta años, desde terrenos donados, dibujos arquitectónicos, donaciones monetarias, materiales físicos como concreto y madera, hasta varios grupos comerciales que donaron su tiempo, habilidad tecnica y mano de obra para construir el edificio que tenemos hoy. Mientras miramos hacia los próximos cuarenta años, les pedimos a cada uno de ustedes que nos ayuden a hacerlo nuevamente. Al apoyar a KOTM, no solo estás contribuyendo a un programa; estás construyendo futuros, ofreciendo oportunidades y creando un efecto dominó de cambio positivo en nuestra comunidad.

Sí, las necesidades de nuestra comunidad son considerables. Sí, es un desafío. Pero los desafíos son oportunidades de crecimiento, y ahí es donde debemos intervenir. Una marea creciente levanta a todos los barcos y juntos podemos ser esa marea. En un mundo que a menudo enfatiza la autosuficiencia por encima del apoyo de la comunidad, estamos eligiendo un camino diferente, uno que da la bienvenida a todos, a pesar de sus circunstancias. Creemos que todos son dignos de un futuro brillante y estamos en un viaje para asegurar que todos tengan la oportunidad de satisfacer sus necesidades.

Trabajar con integridad es nuestra base. Como lo expresó tan elocuentemente Brené Brown: "La integridad es elegir el coraje sobre la comodidad; es elegir lo correcto en lugar de lo divertido, rápido o fácil; y es practicar tus valores, no solo profesarlos".[16] Karen y Brenda, las visionarias detrás de KOTM, siempre han elegido el coraje y la compasión por encima de lo que podría haber parecido más fácil. Algunos dirían, y muchos lo hicieron, que lo que ellas intentaban lograr era imposible, pero lo lograron. En un mundo que a veces

---

16   Brené Brown, *Dare to Lead* (London: Vermilion, 2018).

puede generar divisiones, estamos aquí para unir y crear un cambio positivo.

Entonces, vamos a desacreditar el mito de las respuestas fáciles. Apoyar a familias vulnerables no se trata de la simplicidad del trabajo duro; se trata de permanecer unidos, abrazar el coraje para marcar la diferencia y crear un cambio duradero. ¿Te unirás a nosotros en este viaje para hacer posible lo imposible una vez más?

Al embarcarnos en esta misión, recordemos: cada niño, cada familia y cada persona que nos apoya marca la diferencia. Construyamos futuros juntos.

CAPÍTULO 5

ATENCIÓN EXPERTA PARA EL ÉXITO A LARGO PLAZO

"Realmente creo que un pequeño cambio puede tener un impacto inmenso".

—AUBREY ZARUBA, EMPLEADA DE KOTM

Kendyl y Brandon Madsen estaban encantados después de descubrir que estaban esperando su segundo hijo. Después de meses de agotadores tratamientos de FIV, la montaña rusa emocional y física valió la pena. Habían soportado innumerables inyecciones, pruebas y procedimientos, y su alegría no tuvo límites cuando el procedimiento para implantar un embrión, que sabían que sería una niña, fue un éxito. El mundo estaba en sus manos cuando empezaron a imaginar su familia de cuatro, con su hijo Maddox como el mejor hermano mayor. El embarazo de Kendyl parecía ir según lo planeado cuando se sometieron a su escaneo anatómico de quince semanas.

Sin embargo, en ese chequeo crucial prenatal, su mundo se volvió completamente al revés cuando supieron que su hija, Monroe, tenía hidrocefalia. Kendyl recuerda: "En una exploración realizada a las 15 semanas descubrimos que ella tenía los ventrículos agrandados y que tendríamos que consultar a un especialista en medicina materno-fetal". De repente, su visión de un futuro, ver a su hija decir sus primeras palabras y dar sus primeros pasos, se derrumbó. Se desconocía gran parte de su nueva vida, pero una cosa era segura: Monroe tendría que superar numerosos obstáculos para lograr lo que es natural para otros niños.

Kendyl y Brandon procesaron cada uno la noticia a su manera. Kendyl, mientras reflexionaba sobre cómo sería la vida con una niña con hidrocefalia, decidió que iba a amar a esta niña sin importar nada. Brandon, se sumergió en la investigación de la condición haciendo todo lo posible por comprender las complejidades y los desafíos que enfrentaría su hija. Mientras comenzaban a reunirse con médicos y especialistas, una cosa quedó clara: la intervención temprana sería clave para el crecimiento de Monroe.

Los médicos explicaron que cada niño con hidrocefalia es como un "copo de nieve". No hay dos niños con esta condición que sean iguales en términos de sus capacidades o de cómo se presenta la condición por si misma. Los síntomas pueden variar significativamente de una persona a otra debido a la acumulación de líquido cefalorraquídeo en las cavidades profundas del cerebro. Esto significaba que la familia Madsen no tendrían una comprensión clara de lo que les esperaba hasta después del nacimiento de Monroe, incluido si su pequeña sobreviviría o no después del parto.

Kendyl compartió: "No sabíamos si podría respirar por sí misma. No sabíamos si podría comer por sí sola. No sabíamos si sobreviviría al parto". La mañana de su cesárea programada, Brandon y Kendyl se prepararon para todo lo que pudiera suceder. Y cuando oyeron llorar a su pequeña al otro lado de la cubierta, una oleada de alivio y alegría los invadió. Era el mejor sonido del mundo.

Antes de su nacimiento, ellos habían recibido todas las derivaciones y recursos que pudieran necesitar. Después de traer a Monroe a casa desde la UCIN, los Madsen se pusieron a trabajar inmediatamente. Kendyl relató: "El solo hecho de saber que teníamos un plan y recursos desde el primer día me dio mucha paz y consuelo". La pareja comprendió que los servicios de intervención temprana serían cruciales. "Pudieron explicarme cuán temprano podrían comenzar estos servicios y que todos estarían en nuestra casa para facilitarnos las cosas a Monroe y a mí, para que nos sintiéramos cómodos", explicó Kendyl.

Ella continuó compartiendo: "Pero no tenía idea de la cantidad de servicios necesarios ni de cuán amplios eran para estos niños. Afortunadamente, hemos podido aprovechar muchos de los servicios necesarios a través de KOTM". Debido a que contamos con tantos tipos de terapias y servicios dentro de nuestros diversos programas en KOTM, casi todo lo que los Madsen podrían necesitar para tratar la compleja condición de su hija estaba al alcance de su mano. Desde programas en el centro hasta servicios que podían llegar a su hogar, todas las terapias y tratamientos que Monroe necesitaba eran fácilmente accesibles.

Kendyl describió el poder de tener acceso a terapias en su hogar: "Era tan práctico y en nuestro entorno que era una situación significativamente mejor que tal vez ir a una clínica para una cita de fisioterapia, lo cual ya habíamos hecho antes y han sido fenomenales a su propio estilo. Pero para que ella esté en su entorno donde claramente se siente más cómoda y juega con las mismas cosas todos los días, que ellos puedan enseñarme cosas simples que podría hacer para que algo como jugar con un juguete sea más beneficioso para mi hija fue un cambio decisivo".

Mientras Monroe asistía a cita tras cita y Kendyl y Brandon trabajaban con ella diariamente para implementar las estrategias en casa, poco a poco comenzó a progresar. A pesar del dolor, la frustración y la inmensa cantidad de trabajo necesario, Monroe comenzó a alcanzar sus hitos. Y cuando lo hizo, para Brandon y Kendyl, fue la mejor sensación del mundo.

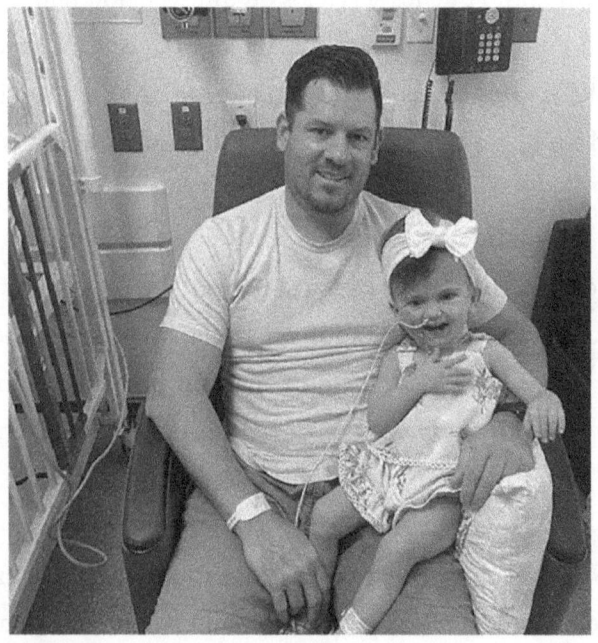

Brandon y Monroe Madsen

Kendyl recordó: "Cuando ella llego a nosotros, fue bastante aterrador. Pero luego, verla prosperar me ha traído una cantidad alegría única que creo que nunca antes había sentido". Pero no era solo Monroe quien estaba aprendiendo y creciendo. Toda la familia se estaba transformando. Kendyl describió el cambio con una sonrisa que se extendió por su rostro e iluminó toda la habitación: "Ver a mi esposo, que es tan fuerte e impacible, derretirse cuando su pequeña está cerca, es increíble. Su compasión y empatía, y mi compasión y empatía, han alcanzado niveles que nunca antes había sentido. Y estoy muy agradecida porque también me ha hecho más compasiva y empática al ver todo lo que ella tiene que hacer, todo el trabajo duro. Ella ha tenido que pasar por todo el dolor, todas las cirugías, todas las cosas que la obligamos a hacer para mejorar su vida. Y cuando a alguien en nuestras vidas le sucede algo difícil, simplemente sabemos lo duro que se siente y cuánto duele".

Descubre la historia edificante de Kendyl y Monroe: Experimenta el resplandor de la intervención temprana para brindar alegría y transformación a su familia.

chasingtheimpossiblebook.com/chapter5

ENTENDIENDO LA INTERVENCION TEMPRANA

La historia de los Madsen es un testimonio del poder de la intervención temprana en ayudar a niños con condiciones médicas complejas. Así como los servicios de intervención temprana son vitales para los niños en el espectro del autismo, estos desempeñan un rol crucial en el desarrollo de los niños que enfrentan una variedad de desafíos de desarrollo.

La intervención temprana es el proceso de brindar servicios terapéuticos y de apoyo a niños que pueden tener retrasos en el desarrollo o discapacidades, así como a sus familias. Estos servicios pueden incluir terapia del habla, terapia ocupacional, fisioterapia y más, adaptados a las necesidades de cada niño.

Cada niño es único y la intervención temprana es un enfoque personalizado. Comienza con la creación de un Plan de Servicio Familiar Individualizado (IFSP por su siglas en inglés), que describe los objetivos para el niño y la familia, así como los servicios que recibirán para ayudarlos a alcanzar esas metas. El equipo de intervención temprana trabaja con el niño y la familia para asegurar que su desarrollo vaya por el camino correcto.

Los programas de intervención temprana reconocen la importancia de los primeros años, que nos gusta llamar los "años esponja". Durante estos primeros años críticos, los niños experimentan un rápido desarrollo y los servicios y el apoyo que reciben pueden tener un impacto profundo en su futuro.

Para niños como Monroe, los servicios de intervención temprana son invaluables. No solo ayudan a los niños a desarrollar las habilidades necesarias sino que también les brindan un entorno enriquecedor y de apoyo. Estos servicios son cruciales para permitir que los niños prosperen y alcancen su máximo potencial, dándoles el mejor comienzo posible en la vida.

UN MOMENTO DE KOTM
Aubrey Zaruba, líder especialista en desarrollo

Mi nombre es Aubrey Zaruba y es un honor para mí, a partir de hoy, formar parte de KOTM durante los últimos veinte años. Había estado trabajando en terapia ACA durante un año después de la universidad cuando llegué a KOTM y he estado aquí desde entonces.

KOTM tiene una cultura realmente única. Desde el principio, cuando Karen y Brenda fundaron KOTM, quisieron que fuera un lugar donde la gente pudiera venir y sentirse cómoda con sus hijos, y crearon un ambiente muy familiar. Al hacerlo, crearon una compañía que también promovió una experiencia cultural para el personal donde, sí, es nuestro trabajo, pero también creamos muchas relaciones realmente profundas tanto con las familias con las que trabajamos como con nuestros compañeros de trabajo. No vivo cerca de mi familia y no lo he hecho desde que me gradué de la universidad. A menudo pienso en el hecho de que veo a estas familias con las que trabajo mucho más a menudo que a mi propia familia. Y veo a mis compañeros de trabajo con más frecuencia que a la mayoría de mis otros amigos.

Es realmente importante que trabajemos bien juntos y nos apoyemos mutuamente en nuestras responsabilidades y esfuerzos laborales. Debido al ambiente de equipo y a la forma en que está estructurado el personal, se entiende que nos ayudemos unos a otros. En realidad, ser egoísta aquí no es una opción. Por supuesto, tienes que cuidarte a ti mismo y a tu familia, y hay espacio para eso, pero también existe la expectativa de que nos cuidemos unos a otros, mientras cuidamos de las familias a las que servimos.

Creo que eso es bastante único y no estoy segura de cuántos lugares tienen ese tipo de cultura. Es una especie de sensación de camaradería familiar.

También tomamos medidas para asegurar que nuestros equipos tengan el apoyo mental y emocional que necesitan. A medida que las personas enfrentan cada vez más desafíos emocionales y agotamiento, hacemos todo lo posible por programar momentos para recargar energías, como nuestro retiro del personal de intervención temprana, o pequeñas cosas que hacemos durante el año, como ofrecer almuerzos para el personal o certificados de regalos cuando nuestro personal logra sus metas. Incluso contamos con un comité de bienestar que, durante los últimos dos años,

105

se centró en el bienestar de los empleados. Lanzarán programas que se enfoquen el bienestar físico, mental o emocional. Es maravilloso contar con el apoyo de los líderes para asegurarnos realmente de que nos estamos cuidando a nosotros mismos para poder cuidar de las familias.

Recientemente, estaba enseñando técnicas de desarrollo sobre el piso y una mamá se quedó después de clase. Mientras conversábamos, ella se emocionó un poco y preguntó: "Solo tengo curiosidad, ¿cuánto tiempo se supone que debo hacer esto (refiriéndose a las técnicas que repasamos esa noche) porque trabajo a tiempo completo desde casa, tengo un niño pequeño y un bebé. También estoy tratando de mantener la casa limpia, cocinar y todas estas cosas". Ella comenzó a llorar mientras compartía: "A veces me preocupa que ella esté retrasada porque no estoy haciendo lo suficiente". Lo cual es muy común; pienso que todas las mamás sienten así, en todo lo qu están haciendo.

Entonces me tomé un momento para animarla; solo dije: "No, no quiero que te sientas así en lo absoluto. Quiero que sepas que un poquito ayuda mucho. De lo que estamos hablando es de hacer algunos pequeños ajustes en las cosas que ya estás haciendo con tu hija. No deberías sentir que necesitas pasar horas trabajando en estas cosas".

Ya sea que se trate de estrategias de intervención, alentar a nuestro personal o escuchar a una madre abrumada, un poco de amabilidad puede hacer una gran diferencia. Un poco de paciencia puede hacer una gran diferencia. Además, un poco de tus recursos puede hacer una gran diferencia para la comunidad si te sientes impulsado a donar en algún lugar.

Si cada persona que conocemos donara un dólar a KOTM, imagine el impacto que podría tener la recaudación de fondos. A veces nos

> sentimos abrumados por todos los problemas, ya sea el sistema de salud, el sistema educativo, la economía, la política, y la lista sigue y sigue. Vemos la magnitud de estos problemas y pensamos que no hay manera de que podamos hacer una diferencia, pero en realidad, solo el más mínimo cambio puede tener un gran impacto.

¿QUÉ SUCEDE CUANDO UN NIÑO PASA DESAPERCIBIDO?

Como mencionamos antes, los niños experimentan desarrollos increíblemente grandes a una edad temprana; sus cerebros están creando conexiones fundamentales que usarán por el resto de sus vidas. Es lógico que si no desarrollan esas habilidades fundamentales desde el principio, esto puede afectar la trayectoria de toda su vida. Por ejemplo, si un niño no desarrolló correctamente su coordinación en esos primeros años, digamos que se saltó el gateo, es posible que tenga dificultades con la coordinación, como por ejemplo tener dificultad para sostener un lápiz. Mientras intentan, por seguir las instrucciones de su maestra, es posible que no comprendan por qué no pueden escribir como los demás niños.

Si bien tú y yo entendemos que es una habilidad motora que debe desarrollarse, los niños internalizan sus luchas, lo que a menudo resulta en un sistema de creencias negativo y frustración que se manifiesta en su comportamiento. Este fue exactamente el caso de una de mis amigas más queridas, a quien llamaremos Elizabeth, y su hijo, a quien llamaremos LJ.

Cuando LJ cumplió dos años, Elizabeth supo que algo estaba pasando, pero no podía identificarlo. Preocupada, ella habló con su pediatra. Dado que LJ técnicamente estaba alcanzando sus hitos, el pediatra dijo que Elizabeth no debería preocuparse y los despidió. Pero el instinto de Elizabeth seguía diciéndole que algo no estaba bien. Elizabeth miraba la lista de verificación de hitos y él las estaba logrando pero no del todo. Por ejemplo, cuando LJ jugaba con otros niños, notaba que él era un poco más lento. Tratando de hacer lo correcto para su hijo, ella consultó a tres pediatras y cada uno le dijo que no pasaba nada, pero Elizabeth continuó viendo las señales.

Cuando tenía dos años, LJ asistió a una guardería en casa, pero su comportamiento era tan desafiante que el proveedor le dijo a Elizabeth que él no se iba a integrar bien en ese lugar. Cuando tenía tres años se escapó de un preescolar, el cual estaba ubicado entre dos vías principales. Una mujer, que resultaba ser maestra de escuela, lo encontró y llamó a la policía. Mirando hacia atrás, Elizabeth ahora puede ver que LJ se escapó porque estaba increíblemente frustrado con los maestros pero no tenía las palabras ni las habilidades para comunicar sus sentimientos. Cuando a LJ tenía un arrebato, los maestros no veían a un niño luchando con grandes emociones; solo veían a un niño que se negaba a comportarse. En poco tiempo, su hijo fue expulsado de tres guarderias diferentes.

Por esa época, Elizabeth lo inscribió en una clase de gimnasia para niños, con la esperanza de que le ayudara con su coordinación. Y aunque LJ observaba a su instructor, no podía imitar sus movimientos y parecía enredar sus extremidades. Al mirar atrás, Elizabeth se da cuenta de que este fue uno de los primeros signos claros de dislexia, pero ni el preescolar ni el pediatra pudieron verlo.

Con el kindergarten a la vista, a Elizabeth estaba preocupada que a LJ no le fuera bien a menos que tuviera algún tipo de ayuda. Entonces, ella lo inscribió en el Programa Stars, un programa administrado médicamente en la Universidad de Utah, y después de tres meses de observación, pruebas, terapia, hojas de trabajo y documentación, finalmente recibieron algunas respuestas.

Le diagnosticaron TDAH y ansiedad debilitante y le recetaron Adderall y medicamentos para la ansiedad. Sin embargo, una vez más, este pediatra continuó insistiendo en que el problema de LJ era solamente de comportamiento (alerta de spoiler: no lo era), y sin una remisión la compañía de seguros intentó negar su reclamo y casi no pagó los medicamentos que necesitaba LJ. Entonces, Elizabeth volvió al pediatra e insistió en que firmara la remisión para que el seguro cubriera el costo. Afortunadamente, el pediatra accedió a firmar pero, al hacerlo, insistió en que no había ningún problema, pero si lo había, su escuela primaria podría señalarlo.

Desafortunadamente, Elizabeth no encontró ningún apoyo en su escuela primaria, ya que el personal se negó rotundamente a realizar pruebas de dislexia a LJ.

Cuando quedó claro que LJ no estaba al nivel de sus compañeros de clase y necesitaba un Plan de Educación Individualizado (IEP, por sus siglas en inglés), Elizabeth le pidió al psicólogo de la Universidad de Utah que asistiera y abogara en su nombre. A pesar de la presencia del estimado profesional médico e investigador de la comunidad, la escuela continuó negando las pruebas de dislexia. En ese momento, Elizabeth creyó que su rechazo se debía a su renuencia a pagar por los servicios.

El dulce LJ se frustró cada vez más mientras luchaba por aprender, lo que comprensiblemente aumentó su ansiedad. El cerebro apaga el proceso de aprendizaje con una ansiedad debilitante y él estaba distraído debido al TDAH. Durante todo el 3º y 4º grado de primaria, invertía las palabras y se negaba a escribir. Su vocabulario verbal estaba por encima del promedio, pero en escritura y lectura se estaba quedando atrás. Mientras tanto, los profesionales médicos seguían declarando que "lo superaría con la edad".

Para el 7º grado, LJ todavía no escribía de manera legible, por lo que Elizabeth lo inscribió en un centro de aprendizaje local que se especializa en ayudar a niños con dificultades de aprendizaje. Le dieron a LJ varias actividades diseñadas para activar partes de su cerebro que esencialmente se habían apagado en los años tempranos después de no recibir los servicios de intervención temprana que necesitaba. LJ asistía tres veces por semana y tenía tarea que hacer todos los días.

Este fue el momento en que todo cambió; el comportamiento, la actitud y la atención de LJ se transformaron. La escuela finalmente le informó a Elizabeth: "No sé qué hiciste, pero él es una persona completamente diferente a la del año pasado". Era un estudiante diferente y estaba listo para aprender. Hoy en día, LJ es estudiante de último año de preparatoria en camino a graduarse y le está yendo mucho mejor. Su confianza ha aumentado y oscila entre un GPA de 2,9 y 3,0.

Conozco a LJ de toda la vida y no supe nada de sus dificultades hasta que cumplió trece años. Él le había escrito una tarjeta de felicitación y una tierna nota a mi hija. Cuando lo leí y vi su escritura a mano, inmediatamente supe que tenía problemas. Más tarde, le pregunté a Elizabeth sobre sus dificultades y ella compartió conmigo todo lo que ellos habían estado enfrentando. Soy una de las amigas más cercanas de Elizabeth y, durante años, nunca supe que su hijo tuviera problemas de aprendizaje o de conducta. Para mí, él era simplemente amable, de espíritu maravilloso y un chico amigable. Elizabeth no había hablado abiertamente de su situación porque no creía que la gente la entendería, ni siquiera sus amigos más cercanos. Después de años y años de ser ignorada y manipulada por los profesionales médicos, no la culpo. Y aunque Elizabeth desearía que el pediatra de LJ hubiera hablado al menos sobre los servicios de intervención temprana u otros recursos, como KOTM, con su familia, ¿quién sabe si él siquiera estaba al tanto de tales servicios?

Mientras estoy increíblemente agradecida de que la historia de LJ tenga un final feliz, los años de dolor, miedo y frustración fueron completamente evitables. Afortunadamente, mi valiente amiga Elizabeth escuchó su intuición y continuó abogando por su hijo. Pero imagina los años de lágrimas y frustración de los que su familia podría haberse evitado si la escuela y el pediatra hubieran realmente escuchado las preocupaciones de una madre que conoce a su hijo mejor que nadie en el mundo.

Cuando a un niño no está alcanzando los hitos, o en el caso de LJ, solo las alcanza "de cierto modo", y no recibe la intervención necesaria, lo coloca en un camino peligroso. Sí, como LJ, es posible que eventualmente se pongan al día académicamente, pero hay un retroceso mayor que solamente un impacto en las calificaciones. El verdadero peligro reside cuando alguien crece creyendo que es incapaz de aprender.

Piénsalo, todos hemos tenido una experiencia negativa que nos hizo creer que no éramos buenos en algo. Tal vez fue un deporte en el que nunca destacaste, un nuevo software que no eras intuitivo o un tema que siempre te ha costado entender. ¿Qué ocurrió después de un período de frustración prolongado? Lo más probable es que te hayas rendido. Esto tiene sentido porque, como dijimos antes, después de un período de ansiedad prolongado, la parte del cerebro que controla el aprendizaje se apaga. Lo mismo sucede cuando un niño que nunca recibió los servicios de intervención temprana necesarios experimenta años de frustración.

Para ti o para mí, no es gran cosa si queremos dejar el juego de pickleball porque no jugamos bien para nada o decidimos cambiar de una PC a una Mac porque es más fácil. Pero cuando un niño decide renunciar a aprender porque piensan que no es inteligente, eso lo retrasa para toda su vida. Afortunadamente, la historia de LJ tiene un final más feliz, pero probablemente hay miles de LJ ahí afuera que se están perdiendo de la ayuda que necesitan.

IDENTIFICAR ESTOS DETALLES A TIEMPO

Mi hija, a quien en este libro llamaré Elsie, es nuestra alumna de segundo grado llena de energía y siempre ha sido una fuerza imparable. Ya sea en la mesa de comedor o enfrentando su tarea después de la escuela, no pudimos evitar notar sus movimientos y cómo siempre terminaba fuera de su silla. Como la mayoría de los padres, la alentamos a permanecer sentada, pero nunca pensamos mucho más en ello. Con su espíritu vibrante y su amor por todo lo divertido, pensamos que la necesidad de moverse vino como una consecuencia natural.

Pero cuando Elsie comenzó a tener dificultades con sus tareas escolares, nos preocupamos. En lugar de completar una prueba de ortografía, Elsie dejó las respuestas en blanco. Afortunadamente, ella tiene una maestra increíble que hizo un esfuerzo adicional y le hizo la prueba oralmente, lo que confirmó que conocía las palabras. Cuando hablé con ella en casa sobre la prueba en blanco, Elsie me explicó: "Estaban sucediendo tantas cosas a mi alrededor que simplemente olvidé cuál era la palabra. Me sentí frustrada porque todos los niños seguían diciendo que ya habían terminado y yo aún no había terminado".

Lo que no sabíamos era que este comportamiento era solamente una pequeña parte del problema. Desde memorizar fonogramas hasta tener problemas con otras tareas, nos dimos cuenta de que estaba teniendo dificultades. Tratando de ser proactiva, la inscribimos en tutorías, pero después de dos meses de arduo trabajo, Elsie siguió luchando por mantenerse al día. En este punto, notamos que Elsie estaba comenzando a internalizar su dificultad y decía: "Simplemente no soy muy inteligente". O: "Supongo que no soy muy buena en ortografía. Supongo que no soy muy buena en matemáticas".

Por supuesto, como su madre, haría todo lo posible para tranquilizarla: "No, cariño, eres muy inteligente. Eres inteligente. ¡Superamos estas palabras!" Fue el diálogo interno negativo lo que fue una verdadera señal de alerta para mí. Sabía que si continuábamos por este camino, en el que mi hija está reforzando este sistema de creencias de que no puede aprender, o que no es inteligente, o no es tan brillante como los otros niños, eso podría descarrilar su educación. Lo último que quería era que mi hija desarrollara un sistema de creencias negativa sobre sí misma a partir del 2° grado.

Entonces, comencé a hacerle algunas preguntas más específicas sobre el salón de clases en relación con su prueba de ortografía más reciente: "Cariño, cuando la maestra dice las palabras y escuchas a todos dejar caer sus lápices y decir: '¡Ya terminé!' ¿Estás frustrada porque ellos terminaron antes que tú? ¿O son todas las distracciones lo que causan que pierdas la concentración? ¿Es como tener diez televisores con el sonido encendido todos al mismo tiempo?

Elsie respondió de inmediato: "No, mamá, son como CIEN televisores al mismo tiempo". Cuando dijo eso, fue como si se encendiera una un foco. Con razón que ella está teniendo este problema. Concertamos una cita con nuestro pediatra, quien afortunadamente me creyó y le creyó a Elsie. Le diagnosticaron TDAH y le iniciamos una dosis baja de medicación. Nosotras tuvimos suerte. El primer medicamento que le administró funcionó completamente. El primer día que recibió el medicamento, llegó a casa saltando de alegría y gritando: "¡Mamá, completé cien operaciones matemáticas en la prueba programada de cinco minutos!" Comenzar con una dosis baja de medicación fue un punto crucial.

Ahora bien, no estoy aquí para defender la medicación como una solución única para todos. Lo que sí defiendo es darles a los niños lo que necesitan. Cada niño es único y la solución varía. Para Elsie, la medicación fue la clave. Para LJ, fue una tutoría especializada reconociendo la dislexia, abordando el desarrollo de sus habilidades motoras y abriendo su mente a diferentes tipos de terapia. Para Monroe, fue un conjunto de servicios de intervención temprana.

La familia Madsen, LJ y Elsie nos muestran que intervenir lo antes posible puede marcar una diferencia increíble en la vida de un niño que enfrenta desafíos de desarrollo. El poder de reconocer las necesidades de un niño y proporcionarle las herramientas adecuadas no se puede sobrestimar.

Ningún niño debería crecer sintiéndose incapaz de aprender. Ningún niño merece ser tratado como si sus sentimientos de frustración estuvieran invalidados porque no se comporta como un adulto cree que debería hacerlo. Ningún niño huye de una guardería donde se siente escuchado, visto y amado a menos que este sucediendo algo más profundo que deba abordarse. Ningún niño deja la respuesta de una prueba de ortografía completamente en blanco porque quiera equivocarse.

Nunca debería ser responsabilidad de un niño convencer a los adultos en su vida de que necesita ayuda. Más bien, siempre es responsabilidad de los padres, maestros, médicos y seres queridos ver más allá de lo que consideramos "mal" comportamiento y ver lo que realmente es: una señal de que un niño necesita ayuda.

UN MOMENTO DE KOTM
Nathanael Sackett, padre de KOTM

Cuando mi esposa, Dayla, tenía aproximadamente veintisiete semanas de embarazo de nuestro hijo, los médicos nos informaron que Jude tenía un cromosoma adicional y tenía síndrome de Down. Al principio, cuando recibimos la noticia, me sentí un poco triste y también preocupado por Jude. Entiendo, más que la mayoría, que la vida con síndrome de Down puede ser un poco más difícil y diferente en muchos sentidos, y la anticipación de los desafíos que me esperan me entristece por mi hijo.

Verás, tengo diecisiete hermanos; nueve fueron adoptados y siete de mis nueve hermanos adoptados tienen discapacidades. Entonces, mi madre fue una de las primeras personas a las que llamamos después de hablar con el médico. Ella, como puedes imaginar, es una mujer increíble, y entendió profundamente la tristeza y preocupación por la que estábamos pasando y validó nuestra experiencia. Pero también ofreció mucho aliento y esperanza. Con síndrome de Down, simplemente no sabes cuáles serán sus habilidades naturales; algunas personas con síndrome de Down no hablan, mientras que otras son muy independientes; pueden trabajar, conducir, casarse y más.

Poco después de recibir la noticia, nos reunimos con un asesor genético. La consejera nunca nos preguntó directamente, pero sí nos advirtió que si queríamos abortar el embarazo, el período el que podríamos hacerlo estaba llegando a su fin. Sin dudarlo, le hicimos saber amablemente que no interrumpiríamos el embarazo.

Como padre y habiendo crecido con hermanos y parientes donde alguien con necesidades especiales es parte de su familia, le diría a cualquiera que se enfrente a la decisión de interrumpir un embarazo: por favor, no lo interrumpa.

En mi familia, hemos visto un espectro completo de necesidades especiales: síndrome de Down, autismo, psicosis, tres hermanos con parálisis cerebral y síndrome de DeGeorge, por nombrar algunos. Ha habido momentos realmente desafiantes relacionados con una discapacidad, pero puedo decir con todo el corazón que los beneficios superan con creces los desafíos.

Mi hijo, así como cada uno de mis hermanos con discapacidades, han aportado muchos beneficios a nuestra familia y a la comunidad. Inviertes en las relaciones, en sus éxitos, y en que alcancen esas esos hitso un poco más, y todo el proceso te hace sentir muy agradecido cuando lo logran.

Entendemos que existen desafíos muy reales y razones válidas que harían difícil criar a un niño con una discapacidad, para algunos, es la edad, para otros, una comunidad que no los apoya, embarazos y partos difíciles, y más; existe mucho temor al ayudar a alguien enfrentar la vida con una discapacidad. Puedo entender que alguien no se sienta listo para el desafío, pero hay otras opciones.

Nathanael, Dayla, AlleeJo, Ryan y Jude Sackett

Una de mis hermanas, debido a su condición, literalmente solo tiene un tercio de su cerebro, ya que la otra parte se deterioró cuando era más joven y su cabeza no ha crecido. Los médicos le dijeron a mi familia que ella moriría antes de los cuatro meses y que definitivamente no viviría más de los cuatro años. Hoy está en sus veinte y tanto años, y a pesar de su condición, camina, habla y es brillante. Realmente lo atribuyo a los programas, como KOTM, a los que tuvo acceso, amor y apoyo incondicional de su familia.

Jude y cualquier persona con síndrome de Down tienen roles muy, muy especiales en este mundo. ¿Alguna vez has notado cómo te sientes y cómo respondes cuando alguien con síndrome de Down entra a la habitación? Cambias y te sientes más feliz porque traen tanta alegría y amor a cada espacio en el lugar. Nadie más puede hacer eso.

Por lo general, en una sala llena de gente, hay muchos prejuicios y personas al servicio de sus propios intereses. Pero las personas con síndrome de Down simplemente te aman, sin ningún plan, y eso es bastante especial. Ese es un regalo bastante grande que todos necesitamos. Por favor, no le niegues al mundo ese regalo.

UNA PEQUEÑA INTERVENCIÓN HACE UNA GRAN DIFERENCIA

La crianza de los hijos en el siglo XXI conlleva su propio tipo de culpa, ¿no es así? Nos encontramos constantemente criticando cada decisión de los padres. ¿Estoy pasando suficiente tiempo con mis hijos? ¿Están recibiendo el equilibrio adecuado de alimentos? ¿Deberíamos inscribirlos en una clase de música? No importa en qué lado del país vivas, cuáles sean tus creencias políticas o el tamaño de tu familia, no puedo pensar en un padre, especialmente las madres, que no luchen contra el sentimiento de culpa como padre.

Todos los padres aquí en KOTM no son una excepción a esta regla. La única diferencia es que las discapacidades y luchas de sus hijos a menudo agravan su culpa. Los padres de KOTM no solo enfrentan las presiones de su vida personal, vida profesional, administración del hogar y los límites de la paternidad moderna, sino que existe la presión adicional de asistir a sesiones de terapia, recuperar el tiempo perdido en la escuela, pasar tiempo con su hijo practicando lo que aprendió en terapia y siempre se pregunta si lo que está haciendo será suficiente para asegurar que su hijo tenga las mejores oportunidades en la vida.

La cantidad de terapia de la que un niño podría beneficiarse es probablemente infinita. Pero con las exigencias del trabajo, la escuela, tener la cena en la mesa y asegurarse de que su hijo esté bañado y alimentado, simplemente no es posible incluir en el día todo lo que potencialmente podría beneficiar a su hijo con discapacidades. Ahí es donde nuestro fantástico personal interviene como parte dedicada del sistema de apoyo de cada niño.

Volviendo a nuestra creencia fundamental de que el poder de los padres es la clave más importante para que un niño con discapacidad supere lo imposible, no solo educamos a los padres, sino que los acompañamos como un apoyo emocional. Cargados de culpa, a menudo estos padres preguntan: "¿Estamos aquí porque no hice lo suficiente en casa o en aquellos primeros días?" O "¿Estamos practicando lo suficiente en casa?" Y tal como explicó nuestro miembro del personal, Aubrey, les hacemos saber que, ante todo, están haciendo un gran trabajo y, en segundo lugar, les aseguramos que un poco puede ser de gran ayuda. Los padres suelen sentirse muy aliviados cuando comprenden que cada momento de sus vidas no tiene por qué ser una extensión de la terapia. A menudo, simplemente modificar un pequeño aspecto del tiempo de juego que ya tienen con sus hijos es más que suficiente para marcar una diferencia increíble. Realmente tratamos de simplificar el proceso para los padres para que se adapte fácilmente a sus horarios y a sus estilo de vida.

Al ofrecer el apoyo educativo y terapéutico que un niño necesita, con la intervención temprana, podemos ayudar a los padres a abordar los asuntos antes de que se conviertan en un problema que pueda cambiar la trayectoria de la vida de un niño. Una pequeña señal, como un retraso en alcanzar los hitos o un comportamiento que indica que no se estableció una conexión cuando eran pequeños, puede ser corregido desde el principio con una intervención mínima. Con mi propia hija pudimos identificar su dificultad mientras estaba en 2° grado; para Kendyl, la intervención temprana ayudó a sentar una base sólida para las habilidades que su hija, Monroe, necesitará para afrontar los desafíos mas adelante.

La intervención temprana es a menudo el primer paso de un viaje de por vida para brindar atención y apoyo a un niño discapacitado. Teal Kalt, otra madre de KOTM, se enteró poco después del parto que su hijo Azure nació con síndrome de Down. Ella lo inscribió en nuestro programa de intervención temprana cuando solo tenía cuatro semanas y participó en el programa hasta que cumplió tres años. Y aunque Azure se graduó de nuestro programa de intervención temprana, el apoyo que necesitan a medida que Azure crece no ha disminuido; de hecho, es uno de sus mayores desafíos.

Teal compartió con una mirada de frustración: "Es un desafío tratar de asegurarnos de que reciba todos sus servicios, y él necesita cada uno de esos servicios. Los servicios son costosos si intentara acceder a ellos de forma privada. Nos hemos visto obligados a acceder a ellos de forma privada porque la mayoría de los preescolares/guarderías lo han rechazado debido a su discapacidad. Por supuesto, no pueden decir eso legalmente porque es discriminatorio. En cambio, tienen excusas legales que automáticamente lo descalifican, 'Oh, tiene cuatro años, ya tiene que saber ir al baño' o 'Oh, no tenemos suficiente personal para atenderlo'".

La familia Kalt tiene muy pocas opciones, considerando los factores como la programación, el costo y el deseo de que Azure tenga acceso a un salón de clases con niños típicos y al mismo tiempo acceso a las terapias necesarias. Teal continuó explicando el daño que le produce la situación: "Me siento culpable y a menudo me pregunto: ¿Debería dejar mi trabajo? Cuando el costo de la guarderia es cuesta esencialmente lo mismo que tu salario, es una decisión difícil de tomar. Quiero seguir trabajando porque me gusta mi trabajo y tengo mis propios intereses y metas. No sé si quiero ser ama de casa, pero también quiero satisfacer sus necesidades. Lucho con una sensación constante de tensión: ¿Me estoy priorizando en lugar de lo que seria mejor para Azure? Y solo tenemos una oportunidad con él, con la edad de cuatro a cinco años. ¿Qué podemos hacer para prepararlo para kindergarten? ¿Y si tomamos la decisión equivocada?"

Teal y Azure Kalt

Los desafíos de Teal es común. Muchos padres de niños con discapacidades tienen que tomar la desgarradora elección entre la escuela y la terapia, tiempo de calidad en familia o pasar más tiempo en el automóvil para llegar a las citas, horas de trabajo para mantener a su familia o quedarse sin trabajo para poder manejar el conjunto de servicios que su hijo necesita.

Esto hace que nuestra necesidad de ampliar nuestras instalaciones y servicios sea aún más apremiante. Está muy bien mirar los números en una hoja de cálculo y ver que existe una necesidad. Pero aquí en KOTM, detrás de cada uno de esos números están los rostros y las historias de las familias que amamos y apreciamos. Sabemos que cada día luchan, esperan y oran por una solución que pueda cerrar las brechas de apoyo y atención que necesitan desesperadamente. Estamos trabajando tan rápido y con tanto esfuerzo como podamos para expandirnos y llenar los vacíos que amenazan con absorberlos por completo.

TU ACCIÓN
Padres, confíen en sus instintos

Como dice el dicho, no existe un manual de instrucciones sobre cómo ser padre. Ya sea que su hijo tenga un desarrollo típico o tenga una discapacidad, a ninguno de nosotros se nos dio un manual de "como hacerlo" a pesar de cuánto deseábamos que existiera. Claro, todos podemos mirar las listas de verificación de hitos que el hospital nos envía a casa, buscar cosas en Google cuando pensamos que es un problema y leer libros relevantes. Sin embargo, debido a que cada niño es tan único, simplemente no existe una "manera correcta" de hacer esto de ser padre. Por eso creo que nada, ya sea médico, libro o "experto", supera los instintos o la intuición de los padres.

Con mis propios hijos cuando eran pequeños, siempre tuve un sexto sentido cuando tenían una infección de oído, especialmente con el mayor. Y cada vez que iba al médico, tenía un presentimiento, sabiendo que existía la posibilidad de que el médico pensara que estaba reaccionando exageradamente y me dijera que no debería haberlos traído. Pero, por supuesto, los médicos confirmarían que mi intuición acertó desde el principio.

Mi buena amiga Elizabeth *SABÍA* que LJ necesitaba apoyo antes que nadie lo supiera. Ya has oído hablar de casi media docena de otras historias de padres que sabían que algo andaba mal con su hijo. Todos ellos hicieron todo lo posible para solicitar y abogar ante sus pediatras, escuelas y otros profesionales en busca de apoyo y, sin embargo, solo a una fracción de ellos se les cree y se escucha.

A todos los padres, quiero animarles a que confíen en su intuición con respecto a su hijo. Especialmente en esos primeros días cuando esa pequeña voz dentro de ti grita: "¡Algo no está bien!" A pesar del miedo a que el médico no te crea, pide la cita. Y si no te escuchan, busca una segunda o tercera opinión. Localiza al experto y haz que lo vean sin una referencia si es necesario.

¿Será incómodo? Absolutamente. Pero tus instintos no te guiarán mal.

CAPÍTULO 6

ALIVIAR LA CARGA

"Estás más allá de las limitaciones y perteneces a donde existen infinitas posibilidades".

—HIRAL NAGDA

Cualquiera que tenga hijos te dirá que ser padre es un trabajo de tiempo completo. En el momento en que esos recién nacidos suaves y tiernos llegan a tus brazos, instantáneamente te consume su bienestar. Impulsado por esos instintos paternales, cada momento de vigilia, especialmente aquellos en los que se supone que debes estar durmiendo, se dedica a satisfacer todas sus necesidades y a asegurarte de que estén colmados de amor.

Sin embargo, para muchos cuidadores, ser padres no es su única tarea de tiempo completo. Muchos de nosotros trabajamos tiempo completo fuera de casa, tenemos tareas que realizar y un hogar que administrar. Y aunque los profesionales de la salud defenderán la importancia de que los padres prioricen su cuidado personal y dejen espacio para los pasatiempos, el ejercicio físico o la vida social, es más fácil decirlo que hacerlo. Los padres que logran crear un espacio para sí mismos normalmente solo lo hacen en los márgenes reducidos de sus vidas.

Cuando se incluye a un niño o varios niños con una discapacidad, esos márgenes reducidos de auto-cuidado desaparecen por completo. Hay mucho en juego cuando se trata de satisfacer las necesidades de un niño con discapacidad. Y a diferencia de los niños con un desarrollo típico, a medida que los niños con discapacidades crecen, a menudo no obtienen la independencia y autonomía que permiten a sus padres más tiempo para ellos mismos. Para nuestros padres en KOTM, la oportunidad de crear un pequeño márgen para el cuidado personal o tener un momento libre de las exigencias de la paternidad puede cambiar las reglas del juego y elevar la calidad de vida de todos en el hogar. Este es ciertamente el caso de la familia Benavidez.

Cuando el pequeño Ethan tenía solo dos años, su madre, Morgan, se dio cuenta de que algo no estaba del todo bien. Morgan recordó esos primeros años: "Comenzó a mostrar mucha agresión. Y ni siquiera necesariamente como respuesta a una provocación, como si otro niño le quitara su juguete y él respondiera golpeando, como ocurre con los niños de dos años. Ethan, sin ninguna provocación emocional o física, simplemente miraba a un niño y luego lo golpeaba".

El esposo de Morgan, Marc, también estaba confundido por el comportamiento de Ethan. Con muchos sobrinos y sobrinas con los que pasaba mucho tiempo, tenía bastante experiencia en lo que respecta a niños. Pero Ethan era un misterio para él. Compartió: "Mi percepción de las cosas era que cada niño es diferente, pero parecía muy difícil criar a Ethan".

La pareja hizo todo lo posible para tratar de comunicarse con Ethan y, cuando fue necesario, disciplinarlo de una manera apropiada para su edad para hacerle saber que su comportamiento agresivo no estaba bien. "Cualquiera que sean las consecuencias o disciplinas que usamos no funcionaron", continuó Morgan, "nada pareció funcionar para él. Como, 'oh, no me gusta esta consecuencia, así que no voy a volver a hacer eso' con otros niños. No pareció aprender de las técnicas de crianza que yo tenía en ese momento".

Eventualmente, Marc y Morgan le dieron la bienvenida a un segundo hijo, Cruz, y finalmente, su hijo menor, Mason, completó este pequeño grupo de cinco. A medida que Ethan crecía, sus padres esperaban que superara este comportamiento agresivo, especialmente a medida que desarrollaba sus habilidades lingüísticas, pero nada mejoró. Siendo los padres dedicados que son, la pareja probó con clases de crianza, leer libros sobre crianza y más, pero sin éxito. "Como padres, intentamos encontrar el equilibrio entre mostrarle a nuestro hijo bondad, amor y paciencia, pero al mismo tiempo saber que su comportamiento no está bien y tiene que ser algo diferente", explicó Marc.

A medida que el comportamiento de Ethan seguía empeorando, la pareja planteó sus preocupaciones a varios médicos y terapeutas, quienes todos ellos que pasaron por alto las preocupaciones de los padres. Morgan compartió: "La primera vez que fuimos a un psiquiatra, Ethan tenía cuatro años; básicamente nos dijo que Ethan es muy pequeño. Él sugirió terapia, pero también dijo que tal vez era demasiado pequeño para ver a un terapeuta, luego nos deseó suerte y nos despidió. Entonces, realmente no teníamos dirección. Cuando íbamos a los chequeos con nuestro pediatra, le llevaba una lista de inquietudes". Desafortunadamente, el pediatra le daría otra serie de instrucciones genéricas, como darle a Ethan un mejor horario. Morgan continuó: "Los pediatras hacen de todo; no son especialistas en salud mental".

Ethan claramente estaba luchando; tenía grandes arrebatos emocionales a diario, pero no importaba a dónde acudieron o cuánto lo intentaban, Marc y Morgan no conseguían que nadie les diera una respuesta directa. Entonces, un día, las palabras de Ethan comenzaron a asustar a Morgan: "Comenzó a hacer comentarios sobre querer morir y no querer vivir más aquí. 'Que este no es un lugar feliz'. Estaba diciendo cosas que sería realmente desgarrador escuchar de cualquier persona, por supuesto, ¿pero de tu hijo de cuatro años?" Morgan continuó: "Aquí fue entonces cuando me puse realmente serio en el consultorio del médico. Exigiendo que no puedan simplemente ignorar esto como un niño pequeño emocional. Claramente está pasando por un momento difícil".

Después de presionar y abogar, Morgan y Marc finalmente lograron que un médico diagnosticara a Ethan. El resultado fue depresión y ansiedad, y Ethan comenzó a tomar medicamentos. Poco después de visitar a un psiquiatra, también le diagnosticaron trastorno obsesivo compulsivo (TOC) y trastorno de oposición desafiante (ODD, por sus siglas en inglés). Mientras sabían que el camino que tenían por delante no iba a ser fácil, tener finalmente un diagnóstico significó que al menos podían entender cómo estaba funcionando el cerebro de su hijo y cómo apoyarlo. Fue un cambio absoluto. Y así, apenas unos años más tarde, cuando su segundo hijo, Cruz, comenzó a mostrar signos similares, Morgan hizo que lo atendieran de inmediato. Al igual que su hermano, a Cruz también le diagnosticarían ansiedad y depresión.

Ethan, Cruz, y Mason Benavidez

Con dos hijos con necesidades especiales, ambos necesitados de un alto nivel de atención, además del pequeño Mason, las exigencias emocionales, físicas y mentales de Morgan y Marc eran inmensas e incesantes. El TOC de Ethan significaba que a menudo experimentaba pensamientos increíblemente intrusivos el cual dificultaban su funcionamiento e incluso resultaban en alucinaciones. Y como él era tan joven, era increíblemente difícil entrenar y calmar a Ethan cuando tenía uno de sus episodios. Morgan continuó explicando: "Estaba teniendo pensamientos, miedos o compulsiones muy, muy angustiosos y obsesivos que ni siquiera necesariamente se conectan lógicamente con la obsesión. Entonces tendría una obsesión, como pensar que su mamá va a morir en un accidente automovilístico. Entonces la compulsión podría ser: 'tengo que accionar el interruptor de la luz cuatro veces cuando entro en la habitación'. No tiene ningún sentido y no tiene ningún control sobre la conexión entre la obsesión y la compulsión. Tener un niño tan pequeño mientras él trata de lidiar con eso, es realmente mucho".

Como puedes imaginar, su condición también afectó su comportamiento en la escuela. Morgan continuó: "Recuerdo haber recibido un mensaje del director diciendo que estaban teniendo dificultades con Ethan. Sigue saliendo corriendo del salón de clases y le dice al personal que va a matar a todos los profesores. Nos tomó por sorpresa, y aunque todos sabemos que eso viene de un niño de cuatro años y no es muy creíble, todavía es un poco perturbador para él siquiera tener esos pensamientos o decirle esas cosas a sus maestros de preescolar".

Ethan no "superó" sus comportamientos y muchos de los adultos en su vida no estaban dispuestos a aceptar que no eran culpa suya. Morgan explicó: "En el segundo grado, se metió en muchos problemas por los tics del síndrome de Tourette y por ser disruptivo en el salón de clases. El maestro simplemente no creía que tuviera el síndrome de Tourette, a pesar de que teníamos un diagnóstico documentado de un profesional médico".

Al igual que su hermano, Cruz también tenía cuatro años cuando los síntomas de ansiedad y depresión comenzaron a perturbar su vida. Esta vez, las señales fueron increíblemente claras para Morgan: "Se había alejado por completo de su mejor amiga y no quería jugar más con ella. No quería ir al preescolar. Fue como si hubiera cambiado totalmente casi de la noche a la mañana. Comenzó a mostrar estos síntomas y duraron semanas. Luego, duraría meses. No comía, no jugaba; era como si estuviéramos viendo desaparecer su felicidad y su amor por la vida".

Una vez más, Morgan intentó plantear los problemas de Cruz a su pediatra y, una vez más, la ignoraron. El pediatra sugirió que podía llevarlo a terapia, que tenía una lista de espera de seis meses, y que volverían a revisar al niño en su próxima consulta de salud general dentro de un año. Pero Morgan no estaba de acuerdo, no esta vez. Sin una remisión, concertó una cita con un psiquiatra que realmente escuchó sus inquietudes, y ese día a Cruz le diagnosticaron ansiedad y depresión. Tener sus preocupaciones validadas y atendidas fue un inmenso alivio para Morgan: "No soy solo una madre demasiado preocupada que está exagerando las cosas. Esto realmente es referente al comportamiento. Fue realmente un alivio recibir esos diagnósticos para Cruz, y comenzó a tomar un antidepresivo de inmediato".

Mientras que muchas personas serían aplastadas bajo un peso y exigencias similares, Marc y Morgan encontraron una manera de que su familia no solo sobreviviera sino que prosperara. Estuvieron constantemente en contacto con los equipos de atención de sus niños para evaluar la efectividad de sus medicamentos y hacer los ajustes necesarios. Se asociaron estrechamente con sus maestros para encontrar formas de empoderar a los niños académica y socialmente. Y continuaron educándose y cambiando sus estilos de crianza de una manera que funcionara mejor para sus niños.

Debido al trastorno de oposición desafiante de Ethan, su instinto natural es ser combativo y desafiante durante cualquier momento de instrucción o corrección. A su vez, esto hace que sea increíblemente difícil ayudar a Ethan incluso con tareas simples, como atarse sus patines. Pero con paciencia y comprensión, todavía ven pequeñas victorias. Marc compartió una victoria reciente que obtuvo con Ethan: "Hace dos semanas, Ethan finalmente me dejó enseñarle una forma diferente de atarse los zapatos. Simplemente nos tomamos nuestro tiempo y él se esforzó, pero después de unos treinta minutos, Ethan gritó: '¡Lo logré! ¡Lo logré!'

Le dije: '¡Hombre, eso es increíble!'

Lo hizo unas cuantas veces más y siguió esforzándose. Finalmente me miró y dijo: '¿Sabes qué? El otro modo me parece un poco más fácil, así que seguiré haciéndolo así'.

Respondí: 'Eso es genial, suena bien'. Pero estaba emocionado de que realmente me dejara ayudarlo a aprender una nueva habilidad, y eso no sucede muy a menudo".

Morgan finalmente decidió volver a la escuela, y como parte de su introducción a la clase de trabajo social, le fue requerido que completara veinte horas de trabajo voluntario. Ella descubrió a KOTM y decidió ofrecerse como voluntaria en nuestro programa de relevo. El cuidado de relevo es el cuidado temporal de niños con necesidades especiales, brindando un breve período de descanso o alivio a sus cuidadores habituales. Brindamos el programa de cuidado de relevo para niños con necesidades especiales para brindarles a sus familias un descanso de tres horas las noches del fin de semana para que los cuidadores puedan aliviar el estrés, renovar la energía y restablecer el equilibrio.

Morgan describió su primera experiencia con el cuidado de relevo: "Me ofrecí como voluntaria, y después de las primeras veces, me di cuenta de que no era lo que esperaba en cuanto a ser voluntaria con niños con discapacidades. Me imaginaba que tal vez estos niños fueran sordos y ciegos o estuvieran en silla de ruedas o no vocales o con autismo severo y funciones bajas, pero muchos de los niños aquí no eran así. Ellos eran un poco como *mis* hijos". Como muchos adultos, debido a la forma en que nuestra cultura segmenta y estigmatiza a las personas con discapacidad, Morgan tuvo poca exposición a niños con discapacidad y, hasta entonces, no se habían conectado los puntos de que sus hijos vivían día tras día con una discapacidad.

Ella continuó explicando: "Tenía en mi mente ese estereotipo de cómo es un niño con discapacidades. Luego, después de interactuar con las familias de KOTM, me di cuenta: '¡Guau! Estas familias son como mi familia. Tenemos estos niños con diagnósticos, problemas y luchas, y *NOSOTROS* podríamos beneficiarnos de esto'. Pude ver qué es el programa y quedé muy impresionada con todos los empleados, los voluntarios, el programa y el entorno. Luego me di cuenta de que podía solicitar esto para mis hijos y que esto podría ser realmente una bendición para ellos. ¡Y así ha sido!"

Conoce a profundidad el Mundo de la Familia Benavidez: Descubre el poder del apoyo y cómo puede marcar una diferencia duradera en las vidas de las familias necesitadas.

chasingtheimpossiblebook.com/chapter6

Ahora Ethan y Cruz vienen a jugar en el cuidado de relevo los viernes, una vez al mes, durante tres horas. Y esas tres horas han sido una salvación para Marc y Morgan que, como todo padre, necesitan algo de tiempo para ellos mismos. La pareja a menudo usaba el tiempo para tener una cita, a veces para cumplir un recado o una tarea con la facilidad que proviene cuando no tienes hijos, o aprovechar la oportunidad para brindar a su hijo menor, Mason, toda su atención. La mejor parte es también el amor de Ethan y Cruz por ir al cuidado de relevo, y a menudo cuentan los días hasta la llegada de su hora programada.

Y aunque Morgan y Marc no son ajenos a las llamadas de los maestros sobre sus hijos, con frecuencia reciben un tipo diferente de llamada telefónica de los voluntarios del cuidado de relevo. Hablan entusiasmados de lo mucho que les encanta tener a Ethan y Cruz en el programa y lo maravillosos que son. Como padre, una de las experiencias más vivificantes es cuando alguien ve a su hijo como la persona maravillosa que es y que realmente lo valora. El cuidado de relevo es claramente más que un simple descanso. Es una fuente central de apoyo mental, emocional y físico para cada familia que participa.

Mientras he conocido a docenas de familias durante mi tiempo en KOTM, conocer a la familia Benavidez me conmovió hasta las lágrimas de una manera que no esperaba. Estos dos niños jóvenes tienen una discapacidad invisible que a menudo significa que viven sus vidas siendo gravemente incomprendidos y juzgados injustamente. Me ha llevado a preguntar qué más podemos hacer por los padres de niños con discapacidades invisibles. ¿Qué recursos o apoyo podemos brindarles para que tengan energía en el tanque para continuar cuidando y defendiendo a su hijo?

UN MOMENTO DE KOTM
Diane McNeill, Fundadora y Directora de Cuidados de Relevo

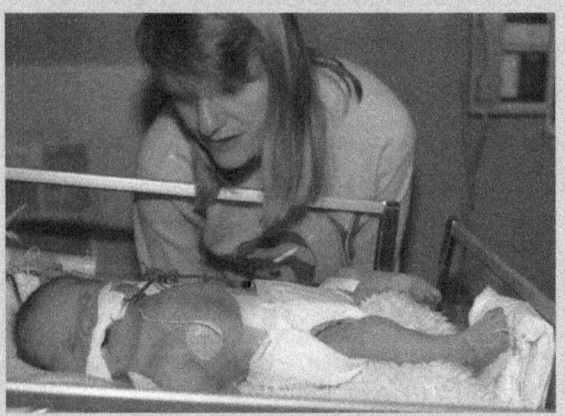

Diane y Brian McNeill

Soy Diane McNeill y actualmente soy la Directora de Cuidados de Relevo aquí en KOTM. También soy la fundadora del programa. Mi esposo y yo tenemos tres hijos y nuestro hijo del medio, Brian, tiene síndrome de Down. Con el tiempo, descubriríamos que él también tiene autismo. También nació con pie equinovaro y obstrucción intestinal; Brian tuvo nueve cirugías antes de cumplir seis años. Durante ese tiempo sentí que, como madre, no tenía ningún apoyo.

Su primera cirugía fue el mismo día que nació. Brian fue requerido quedarse en la UCIN y, en ese momento, yo también tenía un bebé de catorce meses en casa. Lo pudimos manejar, pero fue muy estresante.

A medida que crecía, parecía que siempre estábamos en el hospital o en la sala de emergencias por una razón u otra, desde tos ferina hasta seguimientos y más. No pude evitar darme cuenta de otros padres que también estaban constantemente en el hospital. Como hacen los padres, comenzamos a hablar entre nosotros y cada uno de nosotros sentía que no teníamos el apoyo que necesitábamos para abordar nuestras situaciones individuales. Cada niño con necesidades especiales es diferente, pero lo más importante es saber a quién puedes hacer preguntas y quién te entiende para no sentirte solo. Ten en cuenta que esto era a principios de la década de 1990 y no teníamos Internet para ayudarnos a investigar o encontrar grupos de apoyo.

Estaba experimentando esta abrumadora sensación de tristeza como si no hubiera un final a la vista. Comencé a llamar a diferentes lugares y preguntar qué había disponible, solo para descubrir que no había servicios de apoyo para padres de niños con discapacidades. En ese momento, Brian tenía diez años, pero todavía estaba trepando por los estantes de la despensa y haciendo lo que haría un niño de dos años. Necesitaba un lugar donde él pudiera ir y estar seguro, y donde yo realmente pudiera tomarme un descanso, pero no había nada. Finalmente, un día me senté y me pregunté a mí misma: "¿Es así como será por el resto de mi vida?"

Mientras seguía llamando a un lugar tras otro, finalmente me comuniqué con Kimber Dower, una terapeuta ocupacional. Y de hecho ella trabajó en un hospital local en la unidad pediátrica de terapia ocupacional. Ella vio el inmenso estrés que padecían los padres y anteriormente había realizado una pasantía en un programa de relevo. Ella me dijo en esa llamada: "Siempre quise comenzar un programa de relevo como en el que hice mi pasantía".

Le dije que la ayudaría a empezar y simplemente lo hicimos.

Se conectaría con personas que acudieron a la unidad pediátrica, vieron el estrés y les preguntó si querían ser parte del programa de cuidado de relevo. ¡Y ellos lo querían! Entonces, comenzamos Friday's Kids Respite en el año 2000 y lo organizamos todos los viernes por la noche para que los padres pudieran tomar un descanso.

Eventualmente, nos conectamos con Karen y Brenda en KOTM, y nos apoyaron increíblemente. Nos dejaban usar un salón de clases y, a medida que nuestro programa crecía, se expandía a dos salones de clase, tres, y así sucesivamente. Finalmente, nos fusionamos con KOTM; quería asegurarme de que este programa pudiera seguir atendiendo a los padres, incluso si algún día ya no pudiera ser yo quien lo administrara.

Desarrollamos nuestro programa de voluntariado en asociación con las universidades locales. ¡Los instructores han sido excelentes! Saben lo importante que es para sus estudiantes obtener experiencia de la vida real en el campo al que se dirigen, por eso tenemos voluntarios que estudian trabajo social, facultad de medicina, enfermería, psicología y más. Simplemente se ha convertido en un hermoso programa en el que todos ganan. Nos tomamos el tiempo para capacitar a cada voluntario y hacerles saber la importancia de estar bien con su hijo. Sabemos que no debemos alejarnos ni un metro de distancia. Siempre deben estar vigilando a sus hijos, manteniéndolos junto a ti y asegurándose de que estén completamente seguros. Están en diferentes edades y en diferentes niveles. Algunos se llevan cosas a la boca, otros no, algunos corren y otros van en línea recta hacia la alarma de incendio. Por lo tanto, ellos deben permanecer junto a sus hijos, para mantenerlos seguros y redirigirlos si es necesario. Pero también, divertirnos muchísimo con ellos y dejarles experimentar el mundo lo mejor que podamos de forma segura. Y ellos lo hacen.

Como resultado, los niños tienen un lugar maravilloso y seguro al que ir. Los padres obtienen el descanso que necesitan y se sienten en paz al hacerlo, y estos voluntarios tienen experiencias que nunca pensaron que tendrían y realmente entienden lo que se necesita para cuidar a niños con necesidades especiales.

Muchas personas no comprenden que a menudo los niños con necesidades especiales necesitan supervisión constante, es decir, día y noche. Cuando son pequeños, es necesario asegurar su habitación para que no se salgan por la ventana ni se escapen de la casa por la noche; a veces hay que cambiar los pomos de las puertas donde la cerradura queda en el exterior. Puedes bajar una cama al suelo; algunos padres incluso duermen en la misma habitación. Estos padres duermen poco y luego se levantan por la mañana y brindan cuidados durante todo el día, preparando dietas especiales, llevándolos a citas y más, todo mientras trabajan y cuidan a sus otros hijos.

En este momento, nuestro programa de cuidado de relevo apoya a ochenta niños y esperamos aumentar esa cifra el próximo año. Para algunas de estas familias, los padres son los únicos que han cuidado a su niño con necesidades especiales antes de venir a cuidado de relevo. Para ayudar a todos con la transición, invitamos a los padres a entrar en la sala y quedarse hasta que su hijo se sienta cómodo.

Una madre empezó a dejar a sus dos hijos, a quienes les habían diagnosticado autismo. Las dos primeras veces que asistieron, los niños

> pasaban la primera hora buscando a sus padres. Pero en su tercera visita, mientras su madre los estaba registrando, se dirigieron directamente al salón de clases sin siquiera mirar atrás para despedirse. Nunca olvidaré cómo esa madre me miró con incredulidad y sorpresa en su rostro y dijo: "Esto cambia mi vida. No puedo creer que esto esté sucediendo".
>
> El hecho de que sus hijos se sintieran tan seguros lo significaba todo. Entienden que KOTM es un lugar seguro donde pueden divertirse; la gente los aceptará y los cuidará. Fue un momento muy gratificante para mí y hace que valga la pena saber que marqué una diferencia para una madre que estaba exactamente en el mismo lugar en el que yo estaba no hace mucho.
>
> Es terrible sentirse que estas solo y los padres están muy agradecidos por el tiempo que pasan con sus cónyuges y con sus otros hijos. No pueden creer que la gente se preocupe lo suficiente por ellos como para asegurarse de que tengan una buena vida y se sientan apoyados.
>
> Estos niños son personas increíbles y en el cuidado de relevo amamos a cada uno de ellos. Es un honor para nosotros poder ser parte de su mundo y ayudarlos a tener la mejor calidad de vida posible.

UNA SOLUCIÓN SIMPLE PERO EFECTIVA

Mujeres como Diane son inspiradoras, hechas del mismo tesón que Karen y Brenda. Aunque Diane estaba en medio de sus propios desafíos al criar a sus hijos y necesitando de un descanso, de alguna manera tuvo el coraje suficiente para profundizar más allá de sus propias circunstancias, su propio sufrimiento y su propia tristeza y fatiga, y dio todo lo que podía para levantar al otro. Ella persiguió lo imposible, creando algo significativo de la nada y cambió el mundo para otros niños y familias, dejando en su camino un legado de amor, convirtiendo su dolor en su pasión y propósito.

Nunca olvidaré el momento en que me di cuenta del enorme impacto que el cuidado de relevo tiene en las familias. Era 2014 y en ese momento yo era la Directora de Operaciones. Un viernes por la tarde me dirigí a mi auto y noté que los autos entraban al estacionamiento lleno de familias que dejaban a sus hijos en cuidado de relevo. Unas cuantas filas más adelante, vi a un papá vestido con traje y corbata, y la mamá llevaba un vestido realmente encantador. Ellos estaban claramente planeando una noche especial.

La pareja estaba hablando con su hijo, que tenía unos catorce o quince años, tratando de convencerlo gentilmente de que entrara al edificio. Estaba sentado en el suelo, negándose a entrar. Podía escucharlos animándolo, "Vamos, amigo", e incluso tratando de hacer que se moviera con la esperanza de iniciar impulso. Pensé que esta era su primera visita, ya que la mayoría de los niños, después de venir una o dos veces, no pueden esperar a volver.

Me recosté por un momento para ver cómo se desarrollaría su conversación y cómo iban a llevarlo a la puerta. Durante unos diez minutos, observé desde el asiento delantero de mi auto cómo rogaban, suplicaban y animaban a su hijo a entrar y darle una oportunidad. Pensaba que de seguro si podían llevarlo a la puerta, ¡iba a ser genial!

Pasaron unos momentos más y quedé completamente sorprendida al ver a los padres darse esa mirada cómplice y una ola de resignación invadió a esta pobre pareja. Luego le dijeron a su hijo que todos se irían a casa y rápidamente empacaron el auto y salieron.

Me quedé allí sentada, atónita, con lágrimas corriendo por mis mejillas, y mi corazón se rompió con el sentimiento de derrota total que la pareja debe estar experimentando en su camino a casa. Verás, debido a nuestros límites de financiación, voluntarios y espacio, solo podemos ofrecer cuidados de relevo a cada familia una vez al mes. ¡Esto significa que esta fue la única oportunidad de esta pareja de tener una cita nocturna durante todo el mes! Y ellos tendrían que esperar un mes más para volver a intentarlo.

Si hubiera sabido entonces lo que sé ahora, habría corrido adentro para buscar a un miembro del personal para que me ayudara. Para el personal, es una escena con la que están increíblemente familiarizados y tienen todo tipo de estrategias para entusiasmar a los niños lo suficiente sobre la noche o distraerlos lo suficiente como para que los padres puedan salir por la puerta.

Si eres padre, sabes que tener una cita no es tan simple como contratar a una niñera y salir por la puerta. Hay horas de preparación para que tú y tus hijos estén listos para la noche. Hay todo un proceso que tiene que suceder que comienza a las dos de la tarde si la guardería va a entrar a las siete para que puedas salir un par de horas. Los niños tienen que cenar y tú tienes que preparar la casa para la niñera. O sea obvio, no querrás que la niñera tenga que caminar entre un mar de ropa sucia para acostar a tus hijos en la cama. Además, cualquier preparación para el día siguiente que normalmente haría esa noche debe completarse antes de salir por la puerta. Luego, además de eso, está la planificación, las reservas y, finalmente, prepararse uno mismo.

Toda la energía mental, emocional y física necesaria para salir por la noche cuando tienes un hijo típico, se hace más compleja cuando tienes un hijo con una discapacidad. Y estoy seguro de que la familia que había observado desde el estacionamiento no fue la excepción. Probablemente habían pasado todo el mes esperando con ansias esas tres horas y todo el día preparándose para ellas. Pensar en ellos incluso ahora me rompe el corazón.

Esta necesidad de cuidados de relevo no es algo que vemos solo en las familias a las que servimos en KOTM sino en todo el estado de Utah. Diane McNeill, nuestra Directora de Cuidados de Relevo, explica: "Si deseas servicios de cuidados de relevo a través de la División de Servicios para Personas con Discapacidades del estado de Utah, lo primero que debes hacer es inscribirte en la lista de espera para servicios de relevo y pueden ser años. Recientemente hablé con una familia que había estado en la lista durante quince años y medio y recientemente fueron aprobados para recibir servicios".

Para los niños que requieren un apoyo amplio y constante para satisfacer sus necesidades físicas y emocionales, un padre puede estar con ellos prácticamente las 24 horas del día, los 7 días de la semana. Es posible que un padre haya hecho una pausa en su carrera para cuidar a sus hijos y gestionar un conjunto de tratamientos, citas de terapia y necesidades educativas. Los están cuidando, vistiendo, alimentando, practicando lo que aprendieron en terapia, manteniéndolos a salvo y colmándolos de amor las 24 horas del día.

Al ofrecer cuidados de relevo, estamos empoderando a estas familias con un recurso que se necesita desesperadamente y que es increíblemente escaso para las familias de niños con discapacidades. Al hacerlo, le estamos brindando a los padres la oportunidad de ser la mejor versión de sí mismos para que puedan ser los mejores padres para sus hijos.

Desde el primer día, el propósito y la visión detrás de KOTM ha sido empoderar a los padres para que tengan todas las oportunidades necesarias para asegurarse de que sus hijos prosperen y tengan una oportunidad en un futuro. Como le gusta decir a nuestra fundadora Brenda, sabemos que los niños estarán bien si los padres tienen lo que necesitan. Muchas veces, ese empoderamiento llega en forma de educación; a menudo llega como acceso a recursos y profesionales y una comprensión de la comunidad. Y con nuestro programa de cuidado de relevo, ese empoderamiento viene en forma de descanso y tiempo para recargar energías.

Como compartió Marc Benavidez: "La familia de Morgan y nuestras otras familias están muy lejos. Es difícil tratar de encontrar a alguien con quien nos sintamos cómodos dejándolos para su cuidado. No porque no confiemos necesariamente en ellos, sino porque sus comportamientos y sus luchas son realmente difíciles de manejar, y la niñera promedio no está familiarizada con sus diagnósticos ni sus experiencias. Antes del cuidado de relevo, simplemente no íbamos a lugares o no salíamos sin ellos. A Ethan le cuesta salir y estar lejos de casa, por lo que estábamos bastante estancados en algunos aspectos. Ha sido realmente liberador dejarlos en KOTM y salir por la noche, incluso si es una noche de tarea para mí sin hijos, o vamos a Costco o tenemos una cita".

El cuidado de relevo es mucho más que darles a estos padres la oportunidad de tener una cita, aunque eso también es importante. Con los servicios de relevo, podemos, por un momento, transferir el gran peso de la responsabilidad, las inquietudes y la carga física a otra persona con la capacitación y las habilidades necesarias para cuidar a su hijo. Es un gran alivio. Durante apenas unas horas, la carga se comparte y estos padres pueden tener unos minutos sin el peso del mundo sobre sus hombros. Nos acercamos a estos padres y, con este sencillo servicio, les decimos, de manera tangible: "No estás solo; puedo llevar esto por ti por un momento".

EL IMPACTO DE LA ALEGRÍA

Sin embargo, los beneficios del cuidado de relevo no comienzan ni terminan con los padres. Hemos visto que todos los niños que asisten también se benefician. Desde el crecimiento social, una oportunidad de autonomía y el solo hecho de tener la posibilidad de ser niño y divertirse, vemos cuánto significa el programa también para cada niño.

Entre el retraso en la comunicación y la falta de habilidades sociales apropiadas para su edad, muchos de nuestros niños KOTM tienen pocas oportunidades para el juego no estructurado. Para los niños con autismo, un nuevo entorno puede resultar abrumador o sobreestimulante y provocar que se cierren. Un niño que está programado para múltiples terapias, como del habla, ocupacional, ACA, y así sucesivamente, tiene un tiempo libre limitado para que sus padres lo lleven a un parque o programen una cita para jugar. Pero cuando vienen al cuidado de relevo, esencialmente durante tres horas, pueden jugar o interactuar con otros niños tanto o tan poco como quieran. No hay presión para actuar o hacer algo que no quieran hacer.

Otro beneficio del cuidado de relevo que a menudo es inesperado es la forma en que estos niños pueden crecer socialmente entre sí y también tienen la oportunidad de experimentar un poco de autonomía. Muchos de estos niños tienen pocas oportunidades de conectarse con sus compañeros, hacer amigos y socializar. Sin embargo, cuando se trata de nuestros programas, a los niños les encanta venir y están entusiasmados de estar en un lugar donde saben que se lo pasarán genial. Por eso, muchos de ellos comienzan a utilizar las habilidades sociales y de comunicación que han estado desarrollando en la terapia, o simplemente disfrutan del tiempo para jugar libremente con otros niños en un ambiente seguro creado para ellos.

Diane compartió una de esas historias: "Tuvimos un niño pequeño en nuestro programa durante aproximadamente dos años, desde los cinco hasta los siete años, y apenas hacía contacto visual. Tuvimos un voluntario que vino muchas veces y pasaba el tiempo con él. Aunque el niño no interactuaba, el voluntario pensó: "Estoy bien con esto; él sabe que estoy aquí. Y puede moverse y hacer lo que le haga feliz. Él no me mira ni me pide que haga nada; él puede simplemente saber que estoy aquí.'

Luego, una noche, el joven se volteó hacia el voluntario, lo miró directamente a los ojos y le dijo: "Está bien". El voluntario quedó impresionado; esta era la primera vez en un año y medio que el niño hacía algo así. Veo a los niños que vienen de manera no verbal y, debido a la socialización, junto con la terapia, la escuela y el trabajo que hacen sus padres, se vuelven verbales".

Estos niños, sin importar el diagnóstico o la discapacidad, tienen mucho trabajo que hacer para aprender lo que les resulta fácil a los niños típicos. Y necesitan cada minuto de terapia, escuela y práctica. Pero también necesitan diversión; también necesitan un lugar seguro donde puedan ser niños, respirar libremente y tener la oportunidad de jugar con otros niños. Y para muchos de ellos, el cuidado de relevo es ese lugar.

UN MOMENTO DE KOTM

Teri Houskeeper, un madre de KOTM

A Ryan le diagnosticaron autismo cuando tenía dieciocho meses. Fue un puñetazo en el estómago. Estaba totalmente ciega, honestamente. Mi hija Riley estaba muy adelantada al juego cuando era un bebé; conocía todas sus letras, números y colores. A los dieciocho meses, ella lo sabía todo y simplemente hablaba con oraciones completas. Y entonces, cuando Ryan no lo hacia, simplemente pensé: "Oh, simplemente se está desarrollando a un ritmo normal". O, como dice la gente, los niños se desarrollan un poco más lentamente, por eso no le di mucha importancia. Pero en su control de dieciocho meses, el médico tuvo claro que algo andaba mal y poco después obtuvimos el diagnóstico oficial.

Un avance rápido hasta el día de hoy, Ryan tiene ahora trece años y recientemente también le diagnosticaron TDAH. Y por primera vez intentábamos encontrar el medicamento adecuado para él. Nuestra esperanza es que le ayude a quedarse quieto para poder integrarse más en los salones de clases típicos. Con TDAH, tienes que colocar a tu hijo como si fuese un conejillo de indias para encontrar el medicamento adecuado. Algunos medicamentos tendrán éxito y otros no, pero no lo sabrás hasta que los pruebes. Y para nosotros, el proceso fue horrible. Mirando hacia atrás, lo llamamos los cinco meses del infierno porque Ryan estaba maníaco; no durmió durante meses y comenzó a autolesionarse a pesar de que nunca antes se había autolesionado. Fue simplemente terrible. Ryan tuvo muchos arrebatos y mucha rabia.

Ryan había sido un niño dulce, adorable, amable y cariñoso; nunca quise separarme de él y siempre me sentí feliz de estar cerca de él. Pero mientras intentábamos encontrar el medicamento adecuado y controlar sus síntomas, de repente me di cuenta que necesitaba algo de tiempo.

Teri, Ryan, y Riley Houskeeper

Nunca había solicitado financiación estatal ni buscado ningún tipo de programa, pero ahora lo necesitaba. Entonces comencé a investigar, pero no encontraba nada donde vivíamos. Es irónico si lo piensas: puedes contratar a un vecino adolescente para que cuide a los niños de una casa con cinco niños por 12 dólares. Pero para encontrar a alguien que acepte solo una persona con necesidades especiales, cobran 20 dólares por hora por alguien que se esconde en su habitación todo el tiempo.

Entonces, cuando Diane llamó y dijo que tenían un lugar disponible en el cuidado de relevo, nos emocionamos. Sería gratis y mi esposo y yo finalmente tendríamos la oportunidad de hacer algo solo para nosotros dos.

Las dos primeras veces que fuimos, al momento de recogerlo, el personal me dijo que Ryan lloró durante toda la visita. En el camino a casa, me sentí horrible y me culpaba. Seguí pensando: "Nunca volveremos. Esto es horrible. Nunca volveremos a hacer esto. Él era una carga. Lo odian". Estaba tan molesta, y durante todo el viaje en auto a casa, pensé que toda la experiencia había sido un fracaso.

Esa noche, recibí un mensaje de texto de uno de los miembros del personal de Relevo que decía: "No te rindas; encontraremos algo que le guste". Continuaron haciéndome sugerencias de cosas que podrían probar la próxima vez y me preguntaron qué pensaba sobre actividades que él disfrutaría. Al día siguiente, recibí una llamada telefónica y un correo electrónico, todos animándome a que solo porque fue un momento difícil no significa que siempre sería difícil. Tenían todas estas sugerencias y me sentí mejor al intentarlo de nuevo. Era agradable saber que él no era un inconveniente ni una carga; el personal estaba preparado, entendieron y no hubo ningún prejuicio. Y efectivamente, la siguiente vez que fuimos, él tuvo un giro hacia el éxito.

Ahora, cada vez que nos subimos al auto, nos pregunta si vamos a recibir Cuidados de Relevo porque le encanta. O si sabe que vamos esa noche, se va a esperar junto al auto y yo le digo que no salimos hasta dentro de tres horas y que vuelva a entrar. Una vez vine a recogerlo, me miró ¡y se fue corriendo! ¡Eso nunca, nunca sucede!

> Cuando tu hijo no puede comunicarse, es difícil encontrar a alguien en quién confiar para que lo cuide. Pero a veces simplemente tienes que esperar lo mejor. Esperas que si sucede algo, tu hijo te lo dirá; esperas que lo pasen bien. Encontrar a alguien en quien confiar, que sea asequible, competente y confiable, es prácticamente imposible. Es asombroso tener esta oportunidad.

¿QUÉ NECESITAS?

Las exigencias de criar a un niño con necesidades especiales pueden ser abrumadoras, y es crucial reconocer que los padres que enfrentan estos desafíos no son inmunes a las luchas y emociones que los acompañan.

Una estadística asombrosa que a menudo no se menciona es la alta tasa de divorcio entre parejas que crían hijos con discapacidades; las encuestas muestran que puede llegar al 87 por ciento.[17] La presión y el estrés pueden afectar incluso en las relaciones más sólidas. Es un testimonio de los inmensos desafíos que enfrentan a diario. Solo porque seas padre de un niño con discapacidad no significa que dejes de ser un ser humano con tus propias necesidades y deseos.

Actualmente, solo podemos ofrecer cuidados de relevo a cada familia un viernes o sábado al mes durante tres horas. Este programa funciona únicamente con las generosas donaciones de dinero de nuestros seguidores y el valioso tiempo brindado por nuestros increíbles voluntarios. Nuestras familias aprecian este apoyo, pero somos muy conscientes de la lista de espera y de la necesidad de aumentar nuestra capacidad.

---

17   Ann Gold Buscho, "Divorce and special needs children," Psychology Today, 28 de febrero de 2023, consultado el 8 de noviembre de 2023, https://www.psychologytoday.com/us/blog/a-better-divorce/202302/divorce-and-special-needs-children.

Imagina si tuviéramos los recursos para preguntarles a estas familias: "¿Qué necesitan?" y poder adaptar un programa de atención personalizado. Cambiaría la vida de estas familias si pudiéramos ofrecer cuidado de relevo a cada familia una vez por semana. La carga que pesa sobre los padres se aliviaría significativamente si tuvieran un apoyo constante en el que puedan contar. No más retrasos en las tareas, no mas esperar por una rara noche para disfrutar de una cena para adultos. ¿Qué pasaría si pudiéramos apoyar a una familia cuando está pasando por dificultades o en crisis? Durante una temporada, podríamos ofrecer Cuidados de Relevo varias veces a la semana mientras estabilizan a su familia. El impacto sería inconmensurable.

¿Qué se podría lograr si creáramos y diseñáramos un edificio con un espacio dedicado al cuidado de relevo para apoyar a las familias y a los niños de todas las edades, y creáramos espacios y actividades seguros en los que puedan desarrollarse? ¿Qué pasaría si sus hermanos pudieran acompañarlos, simplificando aún más la atención a los padres y ofreciendo aún más apoyo? Suena imposible, pero como hemos demostrado una y otra vez, imposible simplemente significa que aún no se ha hecho.

TU ACCIÓN
Convertirse en la Primera Etapa de cuidado de relevo

Si tienes un amigo o familiar con un niño con una discapacidad, quiero desafiarte a que seas su primera etapa de cuidado de relevo. Comunícate y ofrece tu tiempo para cuidar a su hijo, dándole un descanso muy necesario para hacer lo que sea que necesiten hacer. Entiendo que lo que estoy pidiendo puede parecer intimidante. Es posible que necesites aprender cómo comunicarte con el niño o cuál es la mejor manera de cuidarlo, pero puedo garantizarte que sus padres estarán más que dispuestos a enseñarte.

Estas permitido a tener límites. Puede especificar cuánto tiempo puedes ofrecer o discutir cualquier aspecto del cuidado del niño con el que no se sienta cómodo para que puedan trabajar juntos para encontrar una solución. No tienes que ser su salvador ni su única forma de apoyo; el objetivo es encontrar qué puedes hacer para aligerar su carga mental y emocional.

Esto puede ser tan sencillo como incluirlos en los planes que ya estás haciendo. Haz un esfuerzo para invitarlos a tus eventos, tus vacaciones y tus citas para jugar. Muchas de estas familias suelen ser excluidas o simplemente deciden no ir porque el parque infantilelegido para reunirse no cuenta con equipamiento inclusivo. Todo lo que necesitas hacer es preguntar: "¿Hay algún parque infantil que le guste a su hijo? Quizás nos podamos encontrar allí". Incluso podrías quitarles una de las tareas diaria de encima. Ofrecer pagar por un servicio de limpieza una vez al mes les permitiría dedicar menos tiempo a las tareas del hogar y más tiempo a disfrutar de su familia. O tal vez pagar una suscripción de entrega de dispensa del supermercado para el año, ahorrándoles innumerables horas de tiempo.

Ser ese primera etapa de cuidado de relevo no tiene por qué ser aterrador ni agotador. Hay algo que todos pueden hacer para ayudar, no importa que pequeño sea, para marcar una diferencia significativa en la vida de estas familias. Los desafíos de criar niños con discapacidades son inmensos, pero juntos podemos aligerar la carga de estos increíbles padres y sus maravillosos hijos. Comienza con una simple pregunta: "¿Qué necesitas?" Hagamos la diferencia, un acto de apoyo y comprensión a la vez.

CAPÍTULO 7

LA INCLUSIÓN ES PARA TODOS

"No hay mayor discapacidad en la sociedad que la incapacidad de ver a una persona como algo más".

—ROBERT M. HENSEL

Si leyeras la historia de Becca Winegar, su carrera académica y su destreza, nunca sabrías que nació con síndrome de Down. En la preparatoria, Becca, quien es hija de la cofundadora de KOTM, Brenda Winegar, asistió a la escuela preparatoria del vecindario, participó en actividades extracurriculares y pasó tiempo con sus amigos los fines de semana. Becca también descubrió su amor por la música y recordó: "Durante mis años de escuela preparatoria, estuve involucrada en el coro. Pude expresarme a través de la música y me di cuenta de que la música es parte de mi vocación". Claramente atraída por las artes escénicas, Becca enfocó sus estudios en el teatro y la música.

Después de graduarse de la escuela preparatoria, Becca comenzó a trabajar como voluntaria en el centro de lavandería del Templo de

Provo, Utah, y lo ha hecho durante los últimos veintiún años. También continuó con su educación en artes escénicas en la Universidad Utah Valley. Volvería a encontrar un grupo dedicado de profesores y amigos que vieron el talento de Becca y continuaron brindándole oportunidades para hacer crecer sus dones. Como cualquier estudiante universitaria, Becca aprovechó esos años para explorar quién quería ser en el mundo y explicó: "Estaba en un momento de mi vida en el que sentí que quería diversificarme. Quería encontrar mi yo interior, encontrar las cosas en las que era buena, y pude hacer eso gracias a uno de mis primeros profesores".

Durante su carrera universitaria, Becca trabajó en docenas de espectáculos, desde actuar en *Oklahoma* hasta dirigir espectáculos icónicos como *It's a Wonderful Life* y más. "Simplemente florecí", explicó Becca con una sonrisa. "Y realmente me ayudó a encontrarme a mí misma y a mi voz a través del arte de dirigir. Muchos de mis profesores realmente me ayudaron a sumergirme en este mundo y obtuve una formación de buena calidad en el mundo de la dirección y el teatro. Podía comunicar mis sentimientos a través del poder del escenario".

Desafortunadamente, la asombrosa carrera académica de Becca y su búsqueda de las artes escénicas no fueron la experiencia típica para alguien con síndrome de Down cuando era niña. Esto era a mediados de los años noventa, y mientras las escuelas públicas a menudo tenían programas de educación especial, la mayoría de las veces, esos estudiantes estaban segregados en diferentes clases y, a menudo, en partes separadas del campus escolar de los estudiantes con un desarrollo típico. Esta segregación fue basada en suposiciones sin fundamento de que los niños con discapacidades se sentirían inseguros si no pudieran lograr lo que sus compañeros con un desarrollo típico pueden hacer, y que su presencia retrasaría el progreso de los niños con un desarrollo típico.

A pesar de lo que era la experiencia y el itinerario educativo normal para los estudiantes con síndrome de Down, había varias personalidades destacadas en la comunidad de Becca quienes trabajaron incansablemente para crear oportunidades más inclusivas. En la escuela preparatoria local de Becca, un maestro llamado Joe Greer inició un programa de tutoría entre pares, emparejando a estudiantes con un desarrollo típico con aquellos que tenían discapacidades, a menudo personas con síndrome de Down. La integración de este programa en la escuela preparatoria tuvo un impacto profundo en Becca. Al relatar la experiencia, compartió: "Todos nos poníamos en pareja, nos conocíamos, trabajábamos juntos y asistíamos a clases normales. Y durante esos años, aprendí a hablar realmente con las personas y a interactuar con ellas".

Becca Winegar

Como cualquier estudiante de preparatoria típico, las amistades de Becca han tenido un impacto duradero en su vida; ella compartió: "Todavía llevo a esas amistades en un lugar especial de mi corazón porque sé que todos mis amigos me aman. Ellos me aceptaron".

Sé testigo del extraordinario viaje de Becca: Desde la fe inquebrantable de Brenda hasta una vida llena de logros, independencia y alegría.

chasingtheimpossiblebook.com/chapter7

En los años transcurridos desde que Becca completó su educación, los estudios han revelado que los espacios de aprendizaje donde los niños con un desarrollo típico aprenden junto con niños con discapacidades mejoran el rendimiento académico y ayudan a *ambos* grupos de niños a desarrollar sus habilidades sociales.[18] Además, una encuesta realizada por Olimpíadas Especiales muestra que las escuelas que participaron en su programa de inclusión, Unified Champion, informaron una reducción del 58 por ciento reducción del acoso escolar.[19] También vieron que "tanto los jóvenes con como sin discapacidad intelectual que practican deportes juntos e interactúan socialmente desarrollan habilidades para la vida que los beneficiarán ampliamente en el futuro".

Ahora sabemos que las oportunidades de aprendizaje inclusivo y las oportunidades sociales son vitales para el desarrollo no solo de

---

18   Silvia Molina Roldán, Jesús Marauri, Adriana Aubert, and Ramon Flecha, "How Inclusive Interactive Learning Environments Benefit Students Without Special Needs," *Frontiers in Psychology* 12, (2021): 661427, consultado el 13 de diciembre de 2023, https://www.ncbi.nlm.nih.gov/pmc/articles/PMC8116690/.

19   Special Olympics, "5 Benefits of inclusive education," Special Olympics, consultado el 13 de diciembre de 2023, https://www.specialolympics.org/stories/impact/5-benefits-of-inclusive-education.

las habilidades y competencias de las personas con discapacidad, sino también para el crecimiento social y emocional de la población en desarrollo típico. El trabajo para crear oportunidades más inclusivas es un esfuerzo que, en última instancia, beneficia a todos.

UN MOMENTO DE KOTM

Michael Milius, Voluntario de cuidado de relevo desde noviembre de 2020

Al principio, comencé a trabajar como voluntario porque mi esposa necesitaba créditos para una clase, al igual que cualquier otro estudiante de su programa. Después de completar sus horas de crédito, tuvo que dedicar su tiempo en otra parte, pero yo seguí viniendo y sigo aquí. Interactuar con los niños es definitivamente la mejor parte.

Hay una familia que tiene tres niños que están todos en el programa de Relevo, y cada vez que los padres vienen a recogerlos, quieren tomarse una foto con todos sus voluntarios de esa noche. Como supervisor, es algo que espero con ansias mientras veo a los padres llegar y agradecer a cada voluntario que estuvo con sus hijos esa noche.

Obviamente, enfatizamos lo mucho que significa el voluntariado para nosotros, pero ayuda a mantener las cosas en perspectiva de lo importante que es el cuidado de relevo para estas familias. Muchos de estos estudiantes voluntarios no pueden regresar una vez que hayan completado sus diez horas del semestre, así que algo tan simple como el hecho de que la familia quiera una foto para recordarlos realmente enfatiza lo que significa para estas familias.

Aunque solo trabajen una vez con su hijo, la familia quiere recordarlos.

> Más que nada, ser voluntario en cuidado de relevo me ha dado una perspectiva. Antes de trabajar en KOTM, no había tenido mucha interacción con niños con discapacidades. No tengo hermanos ni amigos con discapacidad, y no tengo hijos que compartan algunas de dificultades. Así que, interactuar con ellos en el cuidado de relevo me abrió los ojos sobre cuánto esfuerzo y energía se requiere para cuidar a niños así. Mi objetivo es ser pediatra algún día y espero que estas experiencias se traduzcan en la forma en que cuidaré a los niños en el futuro. Ya sea que tengan estas discapacidades o no, los considero como personas individuales y tengo comprensión y empatía sobre lo que hacen los padres fuera del tiempo en que interactúo con ellos.

EL DERECHO DE INTENTARLO

Nuestras fundadoras, Karen y Brenda, abogaron intensamente por asegurar que sus hijos tuvieran acceso a las mismas actividades y educación que sus compañeros con un desarrollo típico y por fomentar esas relaciones. Como educadores, entendieron que es más probable que los niños prueben algo nuevo si ven a un compañero intentarlo primero, y sus hijos con síndrome de Down no fueron la excepción. También comprenden profundamente el impacto que puede tener un educador cuando cree en las habilidades de sus alumnos. Ya sea un compañero o un adulto de confianza, los niños solo pueden llegar al nivel del objetivo que se les establezca.

Los niños, en general, quieren ser como sus compañeros. Cualquiera que tenga varios hijos sabe que los más pequeños suelen desarrollar habilidades más rápido que sus hermanos mayores simplemente porque le quieren seguir el ritmo. Por ejemplo, cuando Reed era pequeño, se le complicaba aprender a atarse los zapatos, y los intentos de Karen de enseñarle no consiguieron ningún resultado. ¿Entonces que hizo ella? Karen reclutó a los niños del vecindario para que la ayudaran. Le dio 5 dólares a cada niño del vecindario que ayudó a Reed a aprender a atarse los zapatos. ¿Y quieres saber cómo resultó eso? Reed estaba atándose los zapatos al final del día.

Cuando estaba en la escuela preparatoria, quería participar en un viaje escolar a la ciudad de Nueva York más que cualquier otra cosa en el mundo. Mis padres no solo no tenían los recursos económicos para financiar tal viaje, sino que pensaron que mi sueño era una tontería, se negaron a ofrecerme ayuda para recaudar fondos y aprovecharon todas las oportunidades que pudieron para decirme que lo que quería hacer era imposible.

Como parte del programa de recaudación de fondos, comencé a vender pizzas de puerta a puerta. Me dije: 'No me importa cuántas pizzas tenga que vender; voy a ir a la ciudad de Nueva York". No importaba lo que dijera mi familia o cómo me desanimaran, estaba decidida a financiar el viaje. Entonces, sin automóvil, Internet o incluso la ayuda de las redes sociales, fui de puerta en puerta vendiendo pedidos de pizza y, cuando llegó el momento, los entregaba puerta a puerta completamente sola.

Y mientras la oportunidad de ampliar mis horizontes y aprender junto a mis compañeros en la Gran Manzana fue una experiencia increíble, me fui con la lección más importante que aprendí vendiendo pizzas puerta a puerta: cualquier cosa que yo decida hacer, puedo resolverlo y realizarlo. Con el tiempo, esas pequeñas victorias comenzaron a convertirse en grandes victorias y mi confianza aumentó. Mi creencia en lo que era posible se expandió y creció. Decidí empezar a perseguir lo imposible.

Cuando simplemente tenemos la oportunidad de probar algo que nunca antes habíamos hecho, las lecciones que aprendemos a lo largo del camino son increíblemente formativas. El impacto de tales lecciones no se disminuye cuando se tiene una discapacidad, pero muchas veces a los niños con discapacidad se les niega el derecho a intentarlo.

Cuando Becca y Reed estaban creciendo, en las décadas de 1980 y 1990, muchos educadores tenían el mismo sentimiento que el médico de Reed: cuando se trataba de alguien con síndrome de Down, "no se debía esperar mucho". Como resultado, a muchos niños con discapacidad se les negó el acceso al aprendizaje junto con sus compañeros de desarrollo típico, así como la admisión a actividades extracurriculares. Privándoles las oportunidades de probar experiencias enriquecedoras para la vida, así como la oportunidad de desarrollar esas lecciones formativas que vienen con el descubrimiento.

También vale la pena mencionar que Becca no fue una niña prodigio en lo que respecta a las artes escénicas. Como muchos de sus compañeros de preparatoria con un desarrollo típico, antes de su primera clase de teatro o coro, nunca había puesto un pie en un escenario. Pero no nos fijamos en los adolescentes con un desarrollo típico y les negamos la admisión a una clase de Drama 1 en su primer año de escuela preparatoria. Ciertamente no era común que el director de un programa de teatro se esforzara por incluir e instruir a estudiantes con síndrome de Down. Pero una maestra se arriesgó, se negó a asumir que no podía aprender y le dio a Becca una oportunidad. Esta perspectiva no solo le brindó la oportunidad de dedicarse a las artes como parte de su futuro, sino que también le brindó lecciones que le serán útiles todos los días de su vida. Le dio confianza para probar nuevas experiencias y explorar nuevas oportunidades.

Hoy en día tenemos ejemplos claros de personas increíbles con síndrome de Down que viven vidas increíblemente plenas y tienen carreras profesionales variadas. En el momento en que escribimos este libro, Mar Galcerán había sido elegida como la primera diputada española con síndrome de Down, Madeline Stuart es una modelo profesional con síndrome de Down que ha desfilado en la semana de la moda de Nueva York, e Isabella Springmühl, de Guatemala, es una diseñadora de ropa que está arrasando en el mundo de la moda, incluso después de que se le negó la entrada a la escuela de moda varias veces debido a su diagnóstico de síndrome de Down.

Un diagnóstico de síndrome de Down por sí solo no determina las capacidades de una persona, incluso si pertenece a la misma familia. El año en que Brenda dio a luz a Becca, su hermana Joan también dio a luz a un niño con síndrome de Down, Lindsay. Al describir el efecto que tuvieron los primos en la familia, Brenda compartió: "Puedes imaginar los sentimientos, la angustia y todo lo que pasamos. Fue muy difícil para nuestras familias. Sin embargo, después de recuperarse del shock, ambas familias llegaron a un lugar de aceptación y siguieron adelante con estos hermosos bebés. Nuestras familias decidieron hacer todo lo posible para que la vida fuera lo más normal, saludable y feliz posible".

Afortunadamente, estas hermanas se tenían la una a la otra mientras abordaban los numerosos desafíos que conlleva criar a un niño con síndrome de Down, y se apoyaron mutuamente mientras Becca y Lindsay crecían y aprendían a su propio ritmo. Brenda continuó explicando la importancia de creer en los niños y tener expectativas de que, aunque ambos son únicos, pueden aprender. Brenda animó a cualquier persona con un niño con discapacidad a preguntarse: "¿Qué quieres para tu hijo? ¿Qué crees que puedes esperar, o qué te gustaría esperar de ellos? Tienes que tener expectativas si quieres obtener algún resultado. Y es la vida cotidiana. Vivimos una vida mucho mejor cuando esperamos que algo suceda, pero debemos hacer algo para que suceda".

Incluso si su hijo es diferente de otro niño con un diagnóstico similar, su diferencia no es un obstáculo, es simplemente única. Brenda continuó explicando: "La parte difícil de aprender es que [un niño] puede no resultar como este o aquel o el otro, probablemente no lo será. Pero las cosas saldrán mejor que si no tuvieran la oportunidad de intentarlo".

Tenemos que darle a cada niño, sin importar sus habilidades, la oportunidad de alcanzar el mismo nivel que sus compañeros. Empoderar a los padres para que eduquen a sus hijos es absolutamente fundamental, pero otra pieza del rompecabezas es una comunidad de compañeros, maestros y amigos que también creen en la capacidad de ese niño para aprender y crecer. Cada niño es diferente, y si un niño alcanza o no ese nivel no es tan importante como permitirles ver qué tan alto pueden llegar.

LA INCLUSIÓN ES UNA VÍA DE DOBLE DIRECCIÓN

Cuando los niños con discapacidades tienen la opción de aprender, jugar y vivir junto a sus compañeros de desarrollo típico, los beneficios de la inclusión van en ambos sentidos. Ya sea en nuestro programa de cuidado infantil en KOTM o en sus escuelas, cuando los niños están expuestos a diferentes tipos de habilidades a una edad temprana, crecen social y emocionalmente. Como resultado, se sienten cómodos con diferentes habilidades y, naturalmente, desarrollan una mentalidad más inclusiva.

Simplemente por la naturaleza de mi trabajo, ya sea un evento social o voluntariado como familia, mis hijos tienen muchas más oportunidades para conectarse y jugar con niños con discapacidades. Y, naturalmente, ha tenido un efecto en su forma de ver el mundo.

El impacto de la exposición realmente me afectó cuando mi hijo tenía unos cinco años. Él y yo estábamos pasando la tarde jugando en un parque cerca de nuestra casa y tomamos un descanso en un banco del parque. Mientras estábamos sentados allí, un corredor con una pierna protésica detuvo su carrera y se sentó en el otro extremo de nuestro banco. Su pierna protésica es lo que se conoce como una cuchilla para correr y tenía una llamativa curva en forma de c y un colorido de acero. Cuando los ojos de mi hijo vieron la pierna, de repente se hicieron tan grandes como platos de emoción. Inmediatamente hizo contacto visual con el caballero y le preguntó con entusiasmo: "Oye, ¿de dónde sacaste esa pierna tan genial? ¡Esa es la pierna más genial que jamás haya existido!" Claro, tenía muchos amigos con prótesis, pero ninguno tan genial como este. En lo que a él respectaba, esta pierna parecía sacada directamente de *La Guerra de las Galaxias*.

Una sonrisa tímida cruzó el rostro del caballero mientras le respondía a mi hijo. "Me construyeron una pierna especial". Cuando mi hijo ve personas que son diferentes, ve posibilidades, no limitaciones.

Los programas e iniciativas de inclusión, como los programas integrados de salón de clases o de voluntariado, brindan a los estudiantes y miembros de las comunidades con un desarrollo típico el hermoso regalo de conocer a alguien con una discapacidad más allá de su diagnóstico. Es una oportunidad de conocer y ver verdaderamente a alguien. Hacer posible ver a alguien como Becca no solo como una persona con síndrome de Down, sino también como una artista y a alguien como Reed como un defensor de la comunidad. Esto, en cambio, enriquece nuestras propias vidas.

Como cultura, estamos aprendiendo que ninguna persona debe ser definida únicamente un solo aspecto de quiénes son. Ya sea su estatus socioeconómico, raza, puesto de trabajo o diagnóstico, sabemos que si bien estos factores pueden influir en las experiencias vividas por alguien, esto no los definen. Sin embargo, todavía es demasiado común que las personas con discapacidad, especialmente los niños, sean definidas por su diagnóstico o limitaciones.

Wayne, Jeana, Jaymi, Kaelyn, Bryn, y Alek Bonner

Jeana Bonner es una madre increíble de cuatro hijos maravillosos. Dos de sus hijos tienen un desarrollo típico y a sus otras dos niñas, Jaymi y Kaelyn, se les ha diagnosticado con discapacidades: Jaymi con síndrome de Down y Kaelyn con síndrome de Down y autismo. Las habilidades de ambas niñas varían mucho: Kaelyn es increíblemente compleja desde el punto de vista médico, requiere ayuda para bañarse, recibe la mayor parte de su nutrición de un biberón y asiste a una escuela especializada que puede adaptarse a sus necesidades y brindarle la oportunidad de conectarse con compañeros de su misma edad. Jaymi, por otro lado, asiste a la escuela preparatoria local, está aprendiendo a leer, participa como porrista y está en el equipo de natación y es una adolescente muy activa. Mientras ambas niñas son únicas en sus habilidades, ambas aportan su propia magia a sus comunidades y escuelas.

Desafortunadamente, Jeana ha tenido que luchar en casi cada paso del camino para asegurar que sus hijas tuvieran la oportunidad de aprender junto a sus compañeros y sean parte de su comunidad. Ella recordó rotundamente cuando estábamos discutiendo la admisión de Jaymi a la escuela del vecindario: "Sentimos que eso era muy importante; son solo esponjas que absorben lo que todo el mundo hace. Entonces, queremos que ella absorba las cosas de los niños en un salón de clases típico. Hay muchas investigaciones que respaldan esa inclusión, y esos entornos son realmente clave para eso".

Jeana continuó explicando que cuando Jaymi estaba en segundo grado, se suponía que su maestra de educación especial debía llevar a Jaymi al salón de clases de desarrollo típico varias veces al día, pero se desanimó al saber que esto no estaba sucediendo. "Cada vez que nos reuníamos, preguntábamos: '¿Le están dando a ella tiempo en el salón de clases típico?' Y ella respondía con indiferencia que, oh, no habían tenido la oportunidad de hacerlo".

Jeana continúa: "Un día, cuando la dejaba en la escuela (normalmente iba en autobús), me di cuenta de que los niños con necesidades especiales llegaban temprano a la escuela. Sé que todo es cuestión de seguridad en el autobús, pero ellos van temprano a la escuela. Ellos almuerzan solos. Tuvieron un receso a solas con su grupo. Estaban en este salón de clases solamente con los otros compañeros de clase con necesidades especiales. No se mezclaban con los niños [típicos]. La habíamos adoptado de un orfanato ruso y, sin embargo, aquí estábamos, devolviéndola al mismo sistema en el que simplemente no se estaba integrando. Más tarde me enteré de que el director se refería a su clase como "los niños del distrito", no como sus niños. ¡Eso NO está bien para mí!" Al final, Jeana decidió inscribir a Jaymi en una escuela más inclusiva durante el resto de la escuela primaria. Pero esta no era la primera vez que tendría que hacer todo lo posible para asegurarse de que sus hijos tuvieran la oportunidad de ser incluidos. Y pronto la lucha de Jeana por la inclusión crecería para garantizar que toda la escuela preparatoria de su hija no se quedara sin los beneficios.

Jeana comenzó: "Hace un par de años, nuestro distrito iba a retirar a los niños [con discapacidades] de las escuelas preparatoria Herriman y Bingham. Solo había seis niños con discapacidades, incluida Jaymi, y pensaron que sería mejor llevarlos en autobús a escuelas que ya tenían otros treinta niños con necesidades especiales. Intentaban decir que simplemente no es económicamente viable tener un maestro de educación especial y asistentes para solamente seis niños. Pero no ven el aumento en la logística cuando hay cuarenta y cinco niños con discapacidades significativas en una escuela preparatoria; ¿cómo los vas a integrar en alguna clase electiva? Luchamos contra ellos, pero los maestros contactaron a los padres y nos hicieron saber que ellos no estaban escuchando. Y entonces, tuvimos una petición firmada por cientos de miles de personas y acudimos a al consejo escolar. Hicieron el cambio de política para transferir a los estudiantes, pero se vieron obligados a revertirlo".

Jeana continuó compartiendo que no solo estaban luchando por los seis niños que tienen derecho a asistir a la escuela junto con sus vecinos y la comunidad, sino también por los otros 3.000 estudiantes que asisten a esa escuela secundaria. "Si simplemente los retiras, los suprimes, una gran parte población nunca tendrá la oportunidad de ser tutores entre pares, asistir a los partidos, e interactuar con ellos, o participar en los Juegos Olímpicos Especiales".

Jeana continuó explicando: "Esto cambia a todos y cambia la sociedad. Y si simplemente los vas a suprimir, es como si no existieran y nunca pudieran ir a la escuela con su comunidad. Si pueden ir a la escuela con sus hermanos y amigos y ser vistos en lugar de simplemente dejarlos temprano y recogerlos tarde, cambiará el punto de vista y la perspectiva de todos. Envié a mis dos hijos típicos a los preescolares de nuestro distrito porque allí fue donde iba su hermana. Y quiero que sean un modelo de compañeros. Quiero que vean a otros niños con necesidades especiales, que sepan que no es solo nuestra familia la que sabe cómo interactuar con sus hermanas".

Actualmente, toda su comunidad se beneficia de la lucha de Jeana por la inclusión. Jaymi recientemente participó en su primera competencia de natación. Jeana compartió: "Hay sesenta niños en esa competencia de natación, además de familias y padres, y todos están animándola con todo su corazón. Jaymi está un minuto detrás de todos los demás en los cincuenta metros libres, ¡pero lo está logrando! Simplemente brinda algo a la comunidad, algo que realmente no experimenté mientras crecía. Sé que mi vida habría sido mejor si hubiera tenido la oportunidad de cambiar el enfoque de lo que creemos que es importante y ver el mundo desde una perspectiva diferente".

RECIBIR MÁS DE LO QUE DAS

Es vital que sigamos abogando por la integración de espacios comunitarios como escuelas, parques, supermercados y más, garantizando que sean accesibles y acogedores para las personas con discapacidades. También es igualmente importante que normalicemos que las personas con desarrollo típico se conecten activamente con personas con discapacidades, ya sea a través de un programa entre pares en la escuela o mediante una oportunidad de voluntariado como las que ofrecemos en KOTM. No puedo empezar a explicar lo increíblemente orgullosa que estoy de nuestro programa de voluntariado. Literalmente, miles de voluntarios cruzan nuestra puerta cada año. Gracias a nuestra estrecha colaboración con la facultad de medicina local, muchos de ellos son estudiantes de medicina que estudian para convertirse en médicos y enfermeras. Otros están jubilados y buscan ocupar el tiempo de su día, y otros todavía son vecinos que simplemente buscan contribuir a su comunidad. No importa el motivo por el que vienen, cuando se van, todos nuestros voluntarios están convencidos de que recibieron mucho más de lo que dieron durante las horas que pasaron en nuestras instalaciones.

La mayoría de ellos han tenido muy poca interacción o experiencia con niños con discapacidad. Brittany Strobelt, nuestra voluntaria de relevo desde hace mucho tiempo, lo expresó mejor cuando explicó el impacto que el voluntariado ha tenido en ella: "Te das cuenta de que todos solamente queremos ser amados y encontrar conexión con otras personas. Los voluntarios vienen porque tienen una obligación de clase o algo así, y terminan regresando, y algunos de ellos traerán amigos. Sí, los niños están obteniendo esa conexión, pero los voluntarios también. Es muy divertido ver cómo la gente se lo pasa bien en ambos lados. No se trata solqmente de los, niños y no son solamente de los voluntarios, es de todos".

Otro voluntario, Tadeo Peralta, encontró KOTM cuando su familia participó en nuestro programa Early Head Start. Quedó tan fascinado con nuestra misión que pronto se ofreció como voluntario. Tadeo compartió: "He estado ayudando a las maestras en el salón de clases y ha sido una experiencia realmente buena. Incluso he aprendido nuevas formas de cuidar a mi propio hijo en casa". Tadeo explicó además: "En mi país de origen, estos espacios suelen considerarse que son exclusivos para mujeres. Ha sido muy agradable porque son realmente inclusivos e invitan a los hombres, a los papás, a venir y participar en la educación de los niños. Ha sido lo mejor".

En KOTM, nos enorgullecemos de establecer un estándar de excelencia en nuestras instalaciones, de cómo defensores y, por supuesto, el apoyo que ofrecemos a los padres, pero uno de los programas de los que estamos más orgullosos es nuestro programa de voluntariado. Sí, estos increíbles voluntarios nos permiten transformar las vidas de las familias a las que servimos, pero nos encanta ver la transformación que ocurre dentro de cada voluntario. Cada uno de nuestros voluntarios sale de nuestras puertas hacia la comunidad como mejores padres, vecinos más compasivos y, en muchos casos, proveedores médicos comprensivos y empáticos. La idea de que nuestras comunidades pueden ser más inclusivas ya no es solo un pensamiento agradable ni una idea por la que se supone que deba luchar un representante del otro lado del condado. En cambio, la inclusión es algo que ellos pueden hacer todos los días.

TU ACCIÓN
La inclusión es más fácil de lo que piensas

Mientras entrevistaba a las maravillosas familias que valientemente se ofrecieron como voluntarias para compartir sus historias para este libro, concluí cada sesión con una última pregunta: "Si KOTM pudiera usar una varita mágica y darte todo lo que pidas, ¿qué sería?" Y aunque las respuestas han variado desde divertidas hasta reflexivas y más, hay una que me rompió el corazón.

Cuando le hice esta pregunta a Kendyl Madsen, cuya hija Monroe nació con líquido en el cerebro, ni siquiera parpadeó antes de responder de inmediato: "No se estacione en el espacio para discapacitados".

Con esos letreros azules tan claros y las multas tan elevadas, sin mencionar que es simplemente insensible, es difícil imaginar que alguien sin una discapacidad se estacione en un espacio designado para estacionamiento para discapacitados. Desafortunadamente, sucede todo el tiempo. Precisamente el otro día, fui testigo de lo que parecía ser una pareja joven y sana estacionarse a un lugar para discapacitados.

Al principio no le di mucha importancia, ya que hay diferentes discapacidades y no todas son reconocibles a simple vista. Pero cuando pasé por delante de su vehículo, vi que no tenían ninguna etiqueta en el parabrisas y mi corazón se hundió.

Alguien podría necesitar ese lugar.

Existe una gran posibilidad de que cuando tomes un lugar, alguna mamá con un niño en silla de ruedas tenga que estacionarse más retirado. Con suerte, aunque no es probable, haya un lugar disponible para una rampa y tenga que maniobrar a su hijo a través de un estacionamiento peligroso, tanto al entrar como al salir de la tienda.

Sí, dejar esos espacios abiertos para alguien que realmente los necesita es importante, pero hay un punto más importante que es necesario aclarar:

Sé más inclusivo en la forma que piensas.

Según el Pew Research Center, uno de cada trece estadounidenses tiene una discapacidad física o cognitiva, y uno de cada seis niños ha sido diagnosticado con una discapacidad.[20] Así que no saque conclusiones precipitadas ni haga suposiciones sobre las habilidades de alguien. El hecho de que alguien no lo necesitara en ese momento no significa que una familia no lo pueda necesitar dentro de cinco minutos. El hecho de que el amigo de su hijo no sea discapacitado no significa que no tenga un hermano que sí lo sea. El hecho de que no veas la discapacidad no significa que no exista. Estas personas son sus vecinos, amigos y seres queridos. Ellos son dignos de tu respeto y consideración.

---

20 The Pew Research Center, "For disability pride month, 8 facts about Americans with disabilities," Pew Research Center, 24 de julio de 2023, consultado el 30 de diciembre de 2023, https://www.pewresearch.org/short-reads/2023/07/24/8-facts-about-americans-with-disabilities/.

CAPÍTULO 8

NO HAY NADA IMPOSIBLE

"La gente normal huye de los leones. Corren lo más lejos y rápido que pueden. Pero los cazadores de leones están programados de manera diferente".

—MARK BATTERSON,
EN UN FOSO CON UN LEÓN EN UN DÍA NEVADO
(IN A PIT WITH A LION ON A SNOWY DAY)

Ninguna de las familias que entrevistamos planeaba tener un niño con discapacidad, y creo que muy pocas personas lo hacen. Desde padres primerizos, aquellos que concibieron con la ayuda de tratamientos de IVF, hasta alguien como Brenda y Karen, que creyeron que habían terminado de tener mas hijos, y todos los demás, todas las familias sobre las que has leído ya tenían un plan en marcha. Y cuando ese plan se salió de curso, cada una de estas familias se enfrentó a la dura realidad de criar a ese niño en una sociedad que no se construyó teniendo en cuenta las discapacidades.

Sin embargo, todos los días, estos padres enfrentan la difícil tarea que tienen por delante y van a la batalla por sus hijos. Pasan horas hablando por teléfono con proveedores de seguros para obtener cobertura de servicios, modifican constantemente sus horarios de trabajo para concertar citas, a menudo oran para conservar sus empleos y defienden a sus hijos en casi todas las visitas al médico y de la escuela. Luego regresan a casa y hacen todo lo posible por estar presentes con sus hijos antes de caer exhaustos en la cama.

Suena imposible, pero lo hacen posible todos los días. Son impulsados por el amor por sus hijos para asegurar que tengan las mejores oportunidades en la vida; el fracaso simplemente no es una opción. Y el mismo amor y pasión que impulsa a estos padres a perseguir lo imposible es lo que corre por nuestras venas aquí en KOTM.

Cuando nuestras fundadoras, Karen y Brenda, se apresuraban a encontrar un terreno para un edificio, les dijeron una y otra vez que era imposible. Finalmente, un día, Karen se negó a aceptar un no por respuesta. Regresó al hospital que anteriormente le había negado la ayuda; miró a los miembros de la junta directamente a los ojos y les dijo: "Ustedes nos necesitan". A partir de ahí, explicó cómo una asociación única no solo permitiría al hospital conservar su condición de organización sin fines de lucro, sino que también ayudaría a brindar capacitación adicional a sus médicos y enfermeras. Hasta el día de hoy, el hospital es nuestro buen vecino, y nuestro edificio actual todavía se encuentra en ese terreno.

Conoce el legado de Karen y Brenda: Sé testigo de su viaje desde padres hasta pioneros en la formación de un futuro más inclusivo.

chasingtheimpossiblebook.com/kotm-founders

Cuando llegué por primera vez a KOTM, recaudábamos anualmente alrededor de setenta mil dólares en donaciones. En aquel momento, la idea de recaudar cien mil dólares parecía imposible Sin embargo, hoy en día recaudamos constantemente *un millón* de dólares o más en donaciones cada año.

En KOTM, enfrentando lo imposible, desafiar las probabilidades y crear un camino hacia adelante donde antes no lo había está integrado en nuestro ADN. Sabemos que es posible antes de que haya financiación, antes de que haya un proceso o antes de que haya recursos. Lo hemos hecho antes y sabemos que podemos hacerlo de nuevo.

A lo largo del camino, hemos atraído y colaborado con otras personas y organizaciones que comparten la misma misión, como Diane McNeill, nuestra Directora de Cuidados de Relevo. Cuando ella fundó el Programa de cuidado de relevo, Friday's Kids Respite, no tenía dinero ni personal. Solo un impulso para responder al llamado de los padres que necesitaban desesperadamente un descanso para poder seguir cuidando a sus hijos.

¿Pero por qué? ¿Por qué seguir esforzándonos al máximo para crear estos programas u ofrecer estos servicios cuando hay muchas otras organizaciones que solo ofrecen una pequeña parte de lo que nosotros?

La respuesta es simple: el poder de los padres.

Todo nuestro modelo se basa en la premisa de que los padres son los mejores educadores; los padres son nuestro secreto. Entonces, cuando escuchamos a los padres identificar una brecha en el apoyo, comenzamos a construir puentes. Como dijo Karen desde el principio: "Reconocemos que el terapeuta y el personal de apoyo son vitales. Pero, en última instancia, su rol es apoyar a la familia. Enseñe a la familia; ellos son los que invierten en este niño, y la familia tiene la clave para ayudar. Dedicarán el tiempo, gastarán los recursos y serán los animadores toda su vida".

Este lugar fue construido con la creencia de que los padres son los mejores educadores y defensores de sus hijos. Como madre de una niña con discapacidad, Brenda lo expresó mejor: "Tenemos que tener el poder si queremos ayudar a nuestros hijos. Si los padres tienen lo que necesitan, entonces el niño tendrá lo que necesita".

Entendemos que si queremos que los niños con discapacidades tengan la oportunidad de tener una vida plena, debemos empoderar a los padres y apoyar a toda la familia. No estamos aquí solo para brindar un servicio, cumplir con un requisito y seguir adelante. No, estamos haciendo lo que ni el gobierno ni el sistema médico han podido hacer: imaginar de otra forma la atención integral para niños con discapacidades que proporciona resultados. Puede parecer imposible que una organización sin fines de lucro fundada por dos madres en la sala de su casa esté logrando lo que organizaciones de miles de millones de dólares no han sido capaces de descifrar. Pero como habrás leído, perseguimos lo imposible todos los días y no tenemos planes de detenernos pronto.

LAS NECESIDADES SON MAYORES, PERO TENEMOS GRANDES SOLUCIONES

Durante mis tres años como directora ejecutiva de KOTM, hemos alcanzado grandes objetivos que nos propusimos. Mientras celebramos nuestro cuadragésimo año sirviendo a la comunidad, me enorgullece decir que no hemos dejado de avanzar. Actualmente, como organización multimillonaria, hemos duplicado nuestro capital operativo, hemos implementado un programa de análisis y seguimiento de datos para optimizar los sistemas y hemos aumentado nuestra capacidad para apoyar a más de 3.100 niños cada año. Mientras estamos orgullosos de estos grandes avances, ya que hemos estado inmersos en el proceso de planificación para la próxima fase de crecimiento aquí en KOTM, rápidamente nos dimos cuenta de que todavía no estábamos pensando a lo grande. Nuestras conversaciones recientes con los padres nos han permitido identificar las brechas más consistentes en la atención que enfrentan los padres e inspiraron un modelo de atención completamente nuevo.

Uno de nuestros padres, Teal Kalt, describió: "En un mundo perfecto, si hubiera un lugar donde pudiéramos llevar a Azure que tuviera todos sus terapeutas y servicios en un solo lugar, con personas que entendieran su discapacidad y que también pudieran levar a su hermano menor Rune, sería mi sueño hecho realidad". Tan pronto como escuché sus deseos, los rostros y las historias de todos los padres con los que hablé vinieron a mi mente. Todos compartieron este mismo desafío.

Ryan Erickson, Director de Operaciones de KOTM, estaba escuchando la entrevista con Teal y tuvo la misma reacción que yo. Pasamos la siguiente hora y media redefiniendo las necesidades de las familias de nuestra comunidad, cómo podríamos cerrar esta brecha en la atención y recuperar el poder a los padres. Si llenamos los vacíos y proporcionamos los medios para apoyar a toda la familia, entonces cada niño recibiría la mejor atención, ajustada a las necesidades de toda la familia.

Hay tres componentes críticos que son vitales para el cuidado y el desarrollo de cada niño con discapacidad: educación, atención médica y apoyo familiar. Examinamos a estos tres componentes y sus elementos de apoyo para identificar lo siguiente:

- ¿Cómo *deberían* funcionar juntos idealmente la educación, la atención médica y el apoyo familiar?

- ¿Qué obstáculos enfrentan las familias a la hora de integrar los tres componentes?
- ¿Cómo se están abordando estos desafíos actualmente?
- ¿Qué mejoras se pueden hacer para empoderar a los padres?

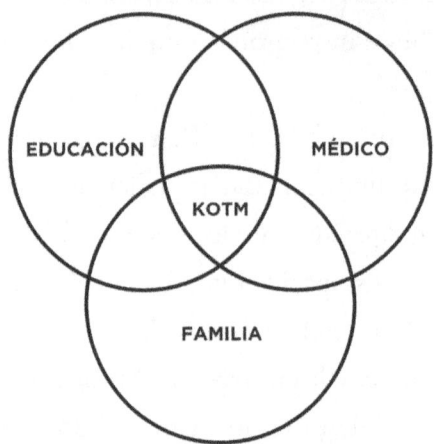

MODELO DE ATENCIÓN INCLUSIVO E INNOVADOR

Para explicarlo mejor, quiero que pienses en una rueda de un vagón. En el centro de la rueda del vagón está el eje principal; el niño en el centro y sus padres son lo que los rodea. Cada radio de la rueda del vagón representa una forma diferente de cuidado que necesita un niño con discapacidad; cada terapia es un radio, la educación es un radio, el juego y el tiempo libre son un radio, las visitas al médico y las necesidades médicas son un radio, el apoyo y los recursos de los padres son un radio, y así sucesivamente. Estos radios generalmente caen en una de las tres categorías principales que describimos: un espacio educativo de apoyo, atención médica/acceso al tratamiento y apoyo familiar (como cuidados de relevo, apoyo para hermanos, etc.). Ahora, imagina el borde exterior de la rueda del vagón; es la pieza fundamental que no solamente une los radios sino que también asegura que la rueda pueda avanzar y progresar en el viaje.

SERVICIOS INDEPENDIENTES

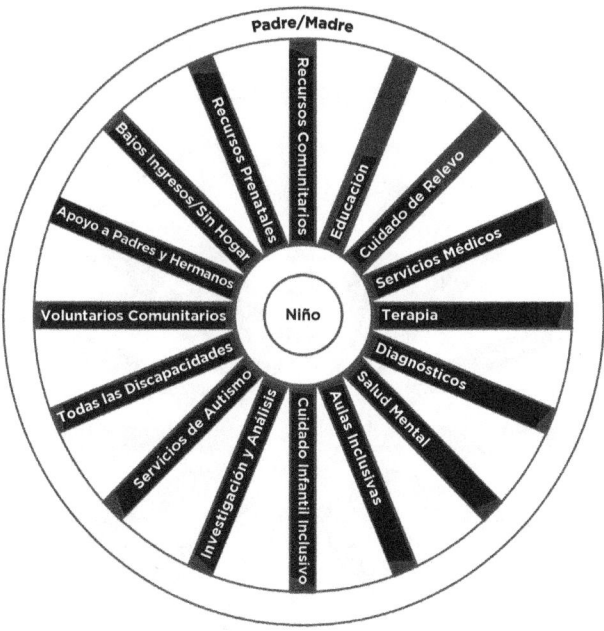

Actualmente, los padres, además del rol que deben desempeñar en el centro de la rueda, apoyando a su hijo como padre y cuidador, también deben actuar como el borde exterior de la rueda del vagón; la pieza fundamental que asegura que todo funcione en armonía para garantizar que su hijo progrese. Coordinar, programar, hacer un seguimiento y mantener todo junto sin cesar para asegurar que su hijo reciba la atención que necesita para seguir adelante. Esto significa que deben estar en dos lugares a la vez, cumpliendo una doble función para asegurar que su hijo tenga lo que necesitan de ellos como padres y, al mismo tiempo, haciendo el trabajo pesado de un coordinador de atención.

Entonces, comenzamos a preguntarnos, ¿qué pasaría si KOTM pudiera desempeñar ese rol de coordinador de atención? ¿Qué pasaría si apoyáramos a los padres cerrando las brechas en su atención? ¿Qué servicios nos están faltando para aliviar la presión y la carga que llevan los padres mientras apoyan a sus hijos? ¿Cómo puede KOTM intervenir como el borde de la rueda del vagón?

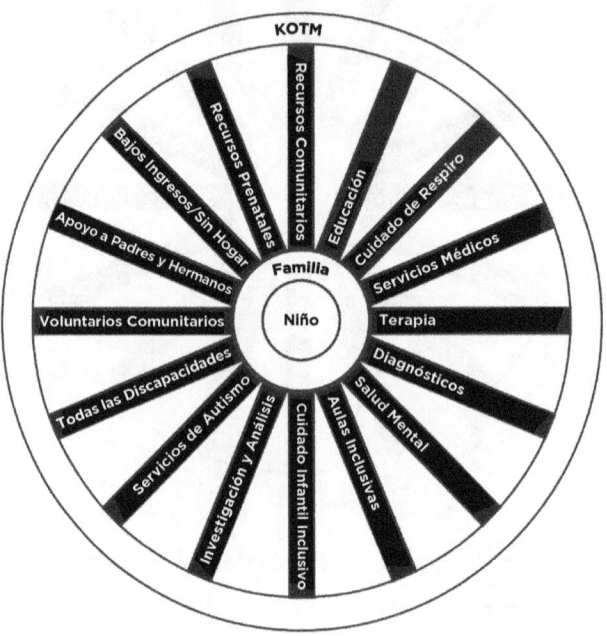

Para responder estas preguntas, comenzamos a reunirnos con más padres, especialistas médicos, líderes de organizaciones sin fines de lucro similares y nuestros representantes estatales y locales. Entre escuchar los puntos de dificultad de los padres, llos comentarios de los expertos y, por supuesto, un poco de valentía para imaginar lo imposible, una visión comenzó a surgir.

De manera lenta pero segura, comenzó a tomar forma una visión para el Modelo de Atención Inclusivo e Innovador. Es un enfoque de atención revolucionario e integral diseñado intencionalmente para brindar educación, atención médica y apoyo familiar. Una instalación todo en uno donde los niños pueden recibir educación, acceder a terapia y algunos servicios médicos, así como servicios de apoyo familiar. Además de esta instalación, cada familia será asignada a un miembro del personal que actuará como su coordinador de cuidado, trabajando mano a mano con los padres para diseñar e implementar un plan educativo, médico y de apoyo que se adapte a las necesidades únicas de sus hijos y familias. Estos Coordinadores de Servicios Integrales continuarán sirviendo a la familia para supervisar sus servicios, asistir en realizar cambios cuando sea apropiado y coordinar atención adicional según sea necesario. Hoy en día, KOTM es único y ofrece un estándar de atención incomparable que no se encuentra en ningún otro lugar a nivel nacional.

Una parte integral del desarrollo del Modelo de Atención Inclusivo e Innovador será ampliar nuestro programa de cuidado y educación infantil para incluir educación desde kindergarten hasta sexto grado o transporte hacia y desde la escuela de su elección. Esto permitirá a las familias mantener sus servicios de terapia y apoyo a través de KOTM. También nos brindará la oportunidad de diseñar un horario único para cada niño para que pueda recibir terapia y asistir a la escuela en el mismo campus. Esto no solo reducirá drásticamente la cantidad de tiempo que los padres pasan yendo de una cita a otra, sino que también empoderará a muchos padres a que conserven sus empleos. Este enfoque revolucionario tiene el potencial de reformar la forma en que nuestra sociedad apoya a las familias y a los niños con discapacidades.

SERVICIOS INTEGRALES
EDUCACIÓN

- Educación Temprana de Head Start
- Educadores Familiares
- Preescolar Inclusivo
- Cuidado de Niños Inclusivo
- Capacitación y Educación Para Padres
- Terapia de Juego en el Piso
- Grandes Comienzos
- Música y Movimiento
- Investigación y Análisis
- De Kindergarten a Sexto Grado*
- Grupo de Reflexión*

SERVICIOS MÉDICOS

- Clínica para el Autismo y Terapia de Análisis Conductual Aplicado
- Servicios Médicos Facturables a Seguros Privados Especiaistas de Desarrollo
- Enfermeros y Psicólogos
- Terapeutas Ocupacionales, Fisioterapeutas y Terapeutas del Habla
- Servicios de Salud Mental
- Diagnósticos
- Servicios de cuidado de relevo (de 6 Semanas a 18 Años)
- Días y Horarios Ampliados para Satisfacer las Necesidades de cuidado de relevo de los Padres*

APOYO FAMILIAR

- Voluntarios Comunitarios
- Centro de Donaciones/Banco de Alimentos
- Socialización para Padres
- Familias de Bajos Ingresos/Personas sin Hogar
- Apoyo para Hermanos/Talleres para Hermanos
- Recursos Prenatales
- Salones de Clases Inclusivos
- Recursos y Apoyo Comunitarios
- Cuidado Después de la Escuela*
- Reuniones Comunitarias*
- Muro de la Esperanza*
- Coordinador de Servicios Integrales*
- Transporte*

Futuro centro de excelencia y servicios ampliados

Como lo hacemos actualmente con nuestro programa de Cuidado Infantil, los hermanos con desarrollo típico y los miembros de la comunidad también serían bienvenidos a inscribir a sus hijos en nuestra escuela. Esto asegura que cada miembro de nuestra comunidad tenga la oportunidad de beneficiarse de una educación inclusiva. Los hermanos en desarrollo típico también se beneficiarían de una comunidad integrada que entiende los talentos y desafíos únicos que conlleva tener un hermano o hermana con una discapacidad.

Después de la escuela, los niños tendrán la oportunidad de jugar y divertirse, como deberían, antes de que los recojan. Por la noche, podemos continuar brindando servicios de cuidado de relevo ampliados y programar terapias para que los padres asistan con sus hijos después de la escuela.

Este enfoque liberaría a los padres para que sean exactamente quienes se supone que deben ser: no unos coordinadores, controladores de tránsito aéreo o administradores de casos, sino los padres y mayores apoyos de sus hijos. Después de dejar KOTM, pueden llevar a sus hijos a casa, prepararles la cena, jugar juntos (con técnicas de terapia práctica añadidas, por supuesto) y darles muchos cariños antes de reiniciar para el día siguiente. Estos padres merecen lo que todo padre merece al final del día: el espacio para disfrutar de su familia sin la carga mental y el calendario abarrotado que actualmente conlleva el manejo de su cuidado.

Si eres padre de un niño con una discapacidad, es posible que debas cuidar a tu hijo por el resto de tu vida. Puede que no haya un decimoctavo cumpleaños o una graduación universitaria que marque la línea de meta de la crianza práctica. Y mientras el apoyo que estas familias necesitan no disminuye sino que evoluciona, lo mínimo que podemos hacer es asegurar una atención integral en los años en el que el desarrollo está directamente relacionado con los resultados para toda la vida.

Sí, la necesidad es grande, pero claramente estamos diseñando una solución masiva que tiene el potencial de revolucionar el enfoque del cuidado de los niños con discapacidades. Imagínate los resultados si todos nos uniéramos para defensor y normalizar la atención integral como el Modelo de Atención Inclusivo e Innovador. Tendríamos más Reeds y Beccas compartiendo sus talentos con el mundo. Tendríamos comunidades más amables, más pacientes e inclusivas: el tipo de lugares en los que todos soñamos vivir pero que nos cuesta encontrar.

Y esta idea de crear servicios integrales podría extenderse a otras comunidades necesitadas porque todos pueden conectarse con algún aspecto de lo que estamos haciendo.

CAZADORES DE LEONES

En el libro de Mark Batterson, *En un foso con un león en un día nevado (In a Pit with a Lion on a Snowy Day)*, él comienza mencionando un pasaje poco conocido de la Biblia. Uno con el que quizás solo si te encuentras, primero, eres cristiano y, segundo, si sigues un plan de un año para leer la Biblia. Y aún así, probablemente lo habrías pasado por alto. El breve pasaje, ubicado en el capítulo 23 de II Samuel, describe a un guerrero, Benaía, quien, un día de nieve, a pesar del frío y las condiciones resbaladizas, persiguió a un león, lo siguió hasta un foso (o cueva) y mató a la bestia.

Todos hemos visto vídeos o leído titulares de personas que tienen animales exóticos (como leones) como mascotas. Y, seamos honestos, ninguno de nosotros se sorprende demasiado cuando escuchamos que estas "mascotas" eventualmente se vuelven contra sus dueños. Instintivamente sabemos que no debemos ponernos en una situación en la que un animal peligroso pueda atacarnos. Entonces, cuando pienso en Benaía, el guerrero, enfrentándose a un león salvaje, poderoso y probablemente aterrorizado en una cueva y enfrentándose cara a cara... digamos que se necesita agallas para hacer algo así.

Mientras Batterson continúa analizando las implicaciones de este pasaje, comparte: "Cuando miro hacia atrás en mi propia vida, reconozco esta simple verdad: Las mayores oportunidades fueron los leones más aterradores. Una parte de mí ha querido ir a lo seguro, pero he aprendido que no correr riesgos es el mayor riesgo de todos".[21]

Mientras leía las palabras del autor, algunos de mis mayores desafíos, mis leones por así decirlo, comenzaron a pasar por mi mente: dejar un hogar abusivo, reconstruir mi vida sin recursos ni apoyo, revisar el enfoque de KOTM sobre el dinero y la recaudación de fondos, y mi león actual, recaudar $150 millones para nuestro nuevo centro y la expansión de servicios. Como Benaía, soy una cazadora de leones; nadie me obligó a asumir estos enormes desafíos o grandes proyectos, pero cada vez tuve una visión más grande que la que alguien me entregó y no tuve miedo de perseguirla.

La última ampliación del edificio de KOTM fue en 1999, pero la superamos en tan solo unos pocos años. Esto significa que durante más de veinte años, hemos estado a punto de estallar y limitados en la cantidad de apoyo que podemos ofrecer a las familias y a una comunidad que lo necesita desesperadamente. Hasta ahora, nadie ha estado dispuesto a asumir este enorme proyecto. Pero ahora estoy aquí; no estoy huyendo y estoy lista para derrotar a este león.

Brenda y Karen tenían el mismo espíritu cazador de leones. Criar a un niño con síndrome de Down en la década de 1980 no era una tarea fácil, y mucho menos crear una organización sin fines de lucro. Prácticamente en cada paso, había alguien que no tenía problema en

---

21 Mark Batterson, "Excerpt from *In a Pit with a Lion on a Snowy Day*," Penguin Random House Canada, consultado el 30 de diciembre de 2023, https://www.penguinrandomhouse.ca/books/9577/in-a-pit-with-a-lion-on-a-snowy-day-by-mark-batterson/9781601429292/excerpt.

hacerles saber a estas mujeres su desaprobación. Una vez, mientras esperaba en la fila para pagar en el supermercado con la bebé Becca, una mujer tocó el hombro de Brenda, le hizo un gesto con la cabeza a Becca y le dijo secamente: "Aborté uno de esos".

A pesar de la oposición, estas mujeres se dirigieron al foso y se enfrentaron a los escépticos, los "expertos", los apáticos y todo un sistema que negaba oportunidades a los niños con discapacidades. Lucharon como si las vidas dependieran de ellos porque así era en realidad. Cuando te diriges a un foso con un león, la victoria es la única opción viable.

Todavía hoy veo una y otra vez que muy pocas personas apuestan a estos niños para que ganen. Pero cuando sus padres son empoderados, siempre superan las probabilidades. Y Brinley Bleyl, de quince años, no es una excepción. Nacida varias semanas antes, los médicos le realizaron CPR en su pequeño cuerpo prematuro durante quince minutos para salvarle la vida. Sin embargo, debido al tiempo que su cerebro estuvo sin oxígeno, le diagnosticaron parálisis cerebral que afectó sus habilidades motoras y daño cerebral que afectaría su sistema nervioso central. Los médicos no tenían mucha esperanza para Brinley.

Los médicos no esperaban que Brinley viviera mucho después de ser dada de alta; su padre, Bill, compartió: "No es algo que ningún padre quiere escuchar. Recuerdo que fuimos a casa desde el hospital y tomamos la decisión de disfrutar cada momento que tuviéramos con ella. Comenzamos a prepararnos para un funeral y mi mamá iba de camino para ayudar a hacer los planes. Pero al día siguiente, en la visita al médico, nos dijeron que pospusiéramos los preparativos porque ella había alcanzado algunos hitos. ¡Estaba mejorando!"

CAPÍTULO 8: NO HAY NADA IMPOSIBLE

Brinley Bleyl

La madre de Brinley, Kat, continuó explicando: "Ella es una guerrera. Ella es una muy valiente y decidida." Porque estamos sentados allí y somos el caso con el peor pronóstico. Cuando comenzamos la terapia, recuerdo cuando uno de los terapeutas vino a nuestra casa. Trabajó con ella durante unos minutos y dijo: "No va a ser bueno". Y yo estaba muy molesta. Le dije: ¡No la des por vencida!"

Decir que Brinley ha superado las adversidades sería quedarse corto. Brinley ha tenido más experiencias en los primeros quince años de su vida que muchas personas en toda su vida. Ha practicado parapente y esquí acuático, es una entusiasta esquiadora en la nieve y sale a la nieve todas las semanas durante el invierno, ¡y más! Como la adicta a la adrenalina de la familia, saben que si ella tiene la oportunidad de moverse rápido, ¡ella lo hace! Bill continuó: "A ella le encanta la rapidez, le encanta la velocidad, le encantan las montañas rusas. Quiero decir, ¡a ella le encanta todo eso!"

Al igual que Brinley, cada niño y familia que entra por nuestras puertas son cazadores de leones. Y cada miembro del personal aquí en KOTM está listo para estar a su lado mientras se dirigen al foso.

Entonces, si nos preguntaran: *¿Por qué están tan empeñada en crear un programa revolucionario y emprender un enorme de construcción masivo? ¿Acaso no es lo que tienes suficientemente bueno?*

La respuesta es no. Los cazadores de leones se niegan a vivir con miedo de los leones que se esconden en las cuevas.

Ya estamos cansados de decirles a los padres que "aguanten" o "lo siento mucho, desearíamos poder hacer más. Todo lo que podemos hacer por ahora es ponerte en la lista de espera hasta que tengamos una vacante". Esas trivialidades no significan nada cuando los padres se colapsan en la cama exhaustos todas las noches y oran para poder encontrar de alguna manera una forma de hacer que todas las piezas del rompecabezas encajen. Cada niño con el que trabajamos merece algo más que una actitud de "vamos a ver qué pasa". Y todos los padres merecen acceso a los recursos y el apoyo que necesitan para que sus hijos, a su vez, puedan prosperar. Conocemos las necesidades, sabemos cómo abordarlas y una vez más vamos a superar lo imposible.

Pero no es suficiente para nosotros en KOTM ser solo cazadores de leones; crear un centro de excelencia para los niños es una responsabilidad que todos estamos llamados a asumir. Ya sea que seas director de una organización similar, voluntario en la escuela de tu hijo o alguien que busca encontrar una manera de retribuir, estamos llamados a perseguir a estos leones, no para aceptar lo mínimo y hacer lo que se necesita hacer.

"Pero Rachelle, no tengo un hijo con discapacidad; esta no es mi pelea".

Es sencillo distanciarse de las familias que enfrentan discapacidades. Es tentador creer que no es tu lucha si ciertos casilleros no están marcados. Sin embargo, el hecho de que actualmente no tengas un hijo con una discapacidad no garantiza el futuro. Un día podría ser tu hijo, sobrina, sobrino o nieto. Cuando comencé al principio a trabajar con KOTM, no había nadie en mi familia ni en mi familia extendida que viviera una vida con una discapacidad. De ninguna manera podría haber previsto que no siempre sería el caso.

Durante el proceso de escribir este libro, vi a la hija de mi sobrina Mica, de seis meses de edad, luchar contra su primeras y segundas etapas de un agresivo cáncer del sistema nervioso central llamado Tumor Rabdoide Teratoide Atípico (ATRT por sus siglas en inglés). Después de dos cirugías cerebrales y dos etapas de radiación focal de protones el año pasado, sus padres y su hermana están increíblemente agradecidos de que haya sobrevivido. Ahora están comenzando a imaginar cómo será la vida en el futuro. Aunque ella ha sobrevivido a estos tratamientos, como el cáncer persiste, la incertidumbre, los retrasos en el desarrollo y la lucha continúan. Hoy en día, Mica vive con una cuerda vocal paralizada; no está claro si sanará y, para asegurar que prevenga la desnutrición, los médicos le colocaron una sonda gástrica para que pueda recibir alimento directamente en su estómago. Como efecto secundario de la radiación y la quimioterapia, tiene daño auditivo permanente y necesitará la ayuda de audífonos. Y, como puedes imaginar, está atrasada en sus hitos, en parte debido a las largas estancias en el hospital mientras recibe tratamiento.

A pesar de todo, Mica, Rebecca y su esposo, Fred, siguen encontrando algo positivo. Rebecca compartió conmigo: "Lo positivo es que superó el tratamiento porque hay muchos niños que, lamentablemente, no superan el tratamiento. Muchas veces, cuando nos conectamos con familias de todo el mundo en las redes sociales, vemos que los niños mueren a causa del tratamiento y no a causa del cáncer. Hay que disfrutar de los buenos momentos. Porque eso es lo que te ayuda a sobrellevar los momentos difíciles. Te darás cuenta lo largo de este viaje, que eres mas fuerte como persona y de cuánto eso también afecta otras áreas de tu vida".

Fred, Rebeca, Catalina y Mica Saucedo

Después de la cirugía cerebral más reciente de Mica, surgió otra complicación: se formó una masa llena de líquido en el costado de su pequeña cabeza de dieciocho meses. Los médicos pudieron drenarla con seguridad, pero rápidamente se volvió a llenar. Después de una serie de pruebas y evaluaciones, se estableció un nuevo diagnóstico y plan de tratamiento: hidrocefalia, y Mica necesitará que le coloquen una derivación quirúrgicamente para drenar el líquido de su cabeza hacia su abdomen.

Nada está garantizado. Después de la primera cirugía de Mica y la ronda de radioterapia de protones, hubo tres hermosos meses en los que estuvo libre de cáncer. Como familia, fueron a Disneylandia y celebraron con algunas otras actividades y fiestas mientras comenzaban a planificar la dinámica de reconstruir la vida después del cáncer. Fue entonces cuando recibieron la noticia de que había crecido un nuevo tumor y que sería necesario reiniciar el tratamiento inmediatamente. Como puedes imaginar, el impacto que tiene el tratamiento constante además del efecto del cáncer sobre el sistema nervioso central en el cuerpo de un niño pequeño es muy alto. Tenemos toda la esperanza del mundo, pero también apreciamos cada día que Mica está con nosotros. Ya sea que esté con nosotros por un año más o por otros cien años, ya ha dejado un profundo impacto y legado. Cuando miro a mis propios hijos, me pregunto: "¿Fui hoy tan intencional con ellos como podría haber sido? ¿Realmente hice espacio para hacerles saber lo amados que son y cuánta alegría me trae cada uno de ellos? ¿Cómo puedo mostrarme más en la forma en que me necesitan?" Mica es un suave recordatorio de que uno nunca se sabe lo que les espera a nuestros seres queridos, y todo lo que podemos hacer es sumergirnos verdaderamente en el momento, por fugaz que sea.

Cada vez que pienso en la fuerza de mi sobrina de dieciocho meses, quedo asombrada. No solo ha sobrevivido a la radioterapia de protones en curso, a dos cirugías cerebrales y a la colocación de una sonda gástrica, sino que ahora le colocarán una derivación Y todavía asiste a terapias de intervención temprana, trabajando arduamente para alcanzar esos hitos. La fuerza, la resiliencia, la determinación y la lucha de niños como Mica, Monroe, Ethan y Kohen son una lección de humildad. Si estas pequeñas personas con cuerpos tan pequeños pueden mover montañas y hacer cosas difíciles, nosotros también podemos. Como adultos y miembros de la comunidad, lo mínimo que podemos hacer es igualar su determinación, encontrar nuestro valor y ponernos a trabajar para expandir cómo son los modelos de atención y las comunidades inclusivas.

Rebecca compartió: "Creo que a veces las personas caen la trampa de decir: 'No soy médico o no soy científico. No puedo resolver el cáncer. No puedo curar el cáncer'. Pero, ¿qué cosas puedes hacer? Estoy bien con hacer el papeleo, pero tener a alguien que me ayude a coordinar y resolver todos esos dolores de cabeza habría sido increíble, porque tomó mucho tiempo. Y además de todo esto, se supone que debo tener un trabajo de tiempo completo. Tener a alguien que esté dispuesto a buscar un poco en Google aquí y allá también es algo que está un poco subestimado. Da grandes resultados. A veces, el apoyo es tan fácil como simplemente estar dispuesto a abogar. Aboga por cosas con las que tal vez no tengas una conexión personal en ese momento. Pero puedes preocuparte por las personas, y eso puede significar mucho en sí mismo. Estar dispuesto a conectar con personas que puedan realizar cambios en las leyes y los programas disponibles para las personas. Estar dispuesto a tener otro nombre en una lista". Todos somos parte de una comunidad y es esencial reconocer que una marea creciente beneficia a todos. Si se atiende a los más necesitados, se crean ondas que se extienden a todos.

Lo contrario también es cierto; cuando estas familias no tienen apoyo también afecta a toda nuestra comunidad. Los estudios demuestran que los niños con enfermedades mentales que no reciben el tratamiento necesario tienen una alta probabilidad de volverse violentos con sus madres y, eventualmente, con otros miembros de su comunidad.[22] Los estudios también revelan que cuanto más grave es la discapacidad, mayor efecto tiene sobre la capacidad de la madre para trabajar[23] y su potencial de ingresos a largo plazo.[24] Y los efectos a largo

---

[22] Darcy Ann Copeland and MarySue V. Heilemann, "Getting to "The Point:" The Experience of Mothers Getting Assistance for Their Violent, Mentally Ill, Adult Children," *Nursing Research* 57, no. 3 (2008): 136–143.

[23] Michael Y. Wondemu, Pål Joranger, Åsmund Hermansen, and Idunn Brekke, "Impact of Child Disability on Parental Employment and Labour Income: A Quasi-experimental Study of Parents of Children with Disabilities in Norway," *BMC Public Health* 22, (2022): 1813, consultado el 21 de diciembre de 2023, https://bmcpublichealth.biomedcentral.com/articles/10.1186/s12889-022-14195-5#Sec6.

[24] Victoria DeFrancesco Soto, "What we lose when we lose women in the workforce," McKinsey, 3 de junio de 2021, consultado el 21 de diciembre de 2023, https://www.mckinsey.com/featured-insights/sustainable-inclusive-growth/future-of-america/what-we-lose-when-we-lose-women-in-the-workforce.

plazo de no poder llegar a fin de mes no se limitan a las cuatro paredes del hogar de una familia, sino que afectan a toda la comunidad.[25]

A través de culturas, siglos y religiones, los líderes más venerados y duraderos de la humanidad todos han compartido una cosa en común: el llamado de pararse en la brecha y cuidar a quienes necesitan ayuda. Mahatma Gandhi dijo una vez: "La verdadera medida de cualquier sociedad puede encontrarse en cómo trata a sus miembros más vulnerables".

En el capítulo 25 de Mateo en la versión Reina-Valera de la Biblia, Jesús enseñó: "Entonces los justos le responderán, diciendo: Señor, ¿cuándo te vimos hambriento y te sustentamos?, ¿o sediento y te dimos de beber? ¿Y cuándo te vimos forastero y te recogimos?, ¿o desnudo y te cubrimos? ¿O cuándo te vimos enfermo o en la cárcel, y fuimos a verte? Y respondiendo el Rey, les dirá: De cierto os digo que en cuanto lo hicisteis a uno de estos, mis hermanos más pequeños, a mí lo hicisteis".

Cuando pensamos en los más vulnerables de la sociedad, realmente son los niños, especialmente los niños con discapacidades, a medida que sus necesidades se aumentan. Un niño depende mucho de sus cuidadores y de su comunidad para alimentarlo, vestirlo, criarlo, enseñarlo, protegerlo y amarlo. Es hermoso saber que cuando damos de nuestro tiempo, talentos, recursos y donaciones monetarias, es como si le estuviéramos dando abundantemente a Jesucristo. Podemos saber con seguridad que estamos dando de una manera que Él también daría.

Cuando no hacemos nada, estas familias se convierten en víctimas silenciosas de una sociedad que valora más la productividad

---

25 Carina Mood and Jan O. Jonsson, "The Social Consequences of Poverty: An Empirical Test on Longitudinal Data," *Social Indicators Research* 127, (2016): 633–652, consultado el 21 de diciembre de 2023, https://www.ncbi.nlm.nih.gov/pmc/articles/PMC4863915/.

que el valor de la vida humana, Y la calidad de esa vida. Asegurar que estos niños y sus padres tengan lo necesario para vivir una vida con dignidad, respeto y amor es la preocupación de toda una comunidad.

Hoy en día, es común encontrar formas de separarnos unos de otros. Nos dividimos por creencias políticas, afiliaciones religiosas y especialmente cuando decidimos no ayudarnos los unos a otros. Brenda y Karen pudieron haber tomado esa decisión. Pudieron haber dicho: "Lo siento, pero ya tenemos suficiente con lo que tenemos tratando de ayudar a nuestros hijos con síndrome de Down; no podemos ayudar a un niño con parálisis cerebral, autismo o depresión y ansiedad juvenil". Pero ellas no lo hicieron. En cambio, encontraron formas de crecer, servir y satisfacer las necesidades de todos los que cruzaban esa puerta.

Y no nos detendremos ahora. Sí, estamos enfrentando algunos de los mayores desafíos de nuestras comunidades, pero nos negamos a dejar a nadie atrás. Todos tienen la oportunidad de participar. Nos estamos lanzando al foso con un león, y te pedimos que también lo hagas.

NUESTRA ACCIÓN

Este libro no es de ninguna manera el punto final de la historia de KOTM, sino el comienzo de una conversación. Nos encantaría ver a más organizaciones y programas unirse, de la misma manera que lo ha hecho KOTM, para crear centros que ofrezcan servicios excelentes y de primera clase a los miembros de la comunidad que más lo necesiten. Queremos enseñar a otros cómo abogar y ejercer presión a nivel estatal y federal para obtener mejor financiación, mejor protección y más cobertura de los seguros privados.

En KOTM entendemos que estamos llamados a ser pioneros en estas áreas, pero no todos tienen ese talento. Algunas personas tienen que verlo antes de poder creerlo y queremos ser un recurso para ellos también. Nos encantaría ayudar a cualquier persona interesada en replicar el estándar de cuidado de excelencia que estamos desarrollando. Haremos nuestra parte para continuar desarrollando y elevando nuestro cuidado de excelencia de atención para estas familias y sus hijos, pero ese trabajo no puede detenerse en nosotros. Necesitamos que nos acompañes si queremos avanzar.

Primero, si alguna parte de nuestro programa beneficiaría a tu comunidad, nos encantaría que lo replicaras. Nuestro equipo está aquí para transmitir los sistemas, currículos y programas que están funcionando. Incluso podemos consultarte y ofrecerte asistencia mientras lo adaptas a las necesidades únicas de tu comunidad.

En segundo lugar, buscamos socios que nos ayuden a lograr nuestra visión aquí en KOTM en Utah. Desarrollar nuestro nuevo centro y ser pionero en un nuevo enfoque de atención requerirá mucha experiencia, recursos y fuerza de voluntad. Y si tu has captado la visión de esta idea revolucionaria, nos encantaría tenerte a nuestro lado.

Si tu corazón te está diciendo que des, por favor da. No esperes. No te demores. Elige tomar acción y dona. Que recibas abundancia y bendiciones de los cielos mientras das generosamente. Un padre de nuestro programa de cuidado de relevo compartió: "Si tuviera un donante potencial frente a mí, probablemente lloraría. Tu tienes el potencial de cambiar la vida de alguien, ya sean los padres que necesitan un descanso o los niños que necesitan ir a una zona libre de prejuicios donde puedan sentirse aceptados, jugar y ser amados por quienes son. Eso es lo que puedes ofrecerle a alguien. Realmente hace una diferencia para esa familia, para esa persona". Su esposa añadió: "Y cuando haces una diferencia para una persona, no termina ahí. Eso cambia la sociedad en su conjunto a su propio tiempo y a su manera.

Simplemente no hay fin para el bien que seguirá viniendo de ayudar a las familias".

HAZ TU ACCIÓN: ¡REALIZA TU DONACIÓN HOY PARA TRANSFORMAR EL MAÑANA!

KOTM.ORG/DONATE

Cualquiera que sea tu nivel de participación, cada uno de nosotros debe hacer nuestra parte para perseguir a estos leones y hacer una acción. Crear comunidades más fuertes, una sociedad más amable y una cultura más inclusiva es algo que todos necesitamos porque, al final del día, una marea creciente todas las embarcaciones.

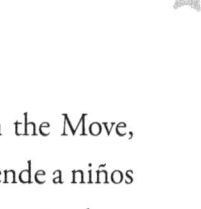

SOBRE LA AUTORA

Rachelle Rutherford es la Directora Ejecutiva de Kids on the Move, una organización sin fines de lucro multimillonaria que atiende a niños con retrasos y discapacidades. A Rachelle le apasionan los miembros más vulnerables de la sociedad, es decir, los niños. Tiene un título doble como Mrs. World America y Mrs. World America Fitness 2023–24 con "Defend Innocence" como su plataforma: proteger a los niños de todas las formas de abuso. Rachelle ha sido miembro de la Junta Directiva de Prevención de Abuso Infantil Utah durante más de una década. Tiene un amor de toda la vida por la educación, y obtuvo dos títulos universitarios en Gestión Empresarial y Finanzas y una maestría en Administración de Empresas. Rachelle es oradora, consultora empresarial, mentora y copresentadora del *Purpose Powered Podcast*. Es propietaria de Elevated Capital Consulting y Elevated Executive. Rachelle tiene un espíritu emprendedor y ha pasado más de veinte años en roles de liderazgo ejecutivo en muchas industrias diversas: bienes raíces comerciales, educación, genealogía, tecnología de la información y telecomunicaciones. Aprovecha su experiencia de liderazgo en los negocios, aplicando su conocimiento y experiencia utilizando el análisis de datos. A Rachelle le encantan los buenos desafíos. Tiene el talento para impulsar los ingresos y la rentabilidad, llevando a las empresas al siguiente nivel. Rachelle vive en Lindon, Utah, con su marido Scott. Tienen seis hijos maravillosos: Grant, Evan, Grace, Eva, Aubri y Gabe.

CONTACTO

Sitio web: rachellerutherford.com

Kids on the Move: www.kotm.org

Instagram: @rachelle.rutherford

TikTok: @rachellerutherford

LinkedIn: Rachelle Rutherford

Purpose Powered Podcast: PPowered.com

**HAZ TU ACCIÓN: ¡REALIZA TU DONACIÓN
HOY PARA TRANSFORMAR EL MAÑANA!**

KOTM.ORG/DONATE

www.ingramcontent.com/pod-product-compliance
Lightning Source LLC
Chambersburg PA
CBHW021155160426
43194CB00007B/749